JN440246

정경훈의 평양 출장

정경훈의

평양 출장

초판 1쇄 인쇄일 2016년 11월 28일
초판 1쇄 발행일 2016년 12월 02일

지은이 정경훈
펴낸이 양옥매
디자인 이수지
교 정 조준경

펴낸곳 도서출판 책과나무
출판등록 제2012-000376
주소 서울특별시 마포구 월드컵북로 44길 37 천지빌딩 3층
대표전화 02.372.1537 **팩스** 02.372.1538
이메일 booknamu2007@naver.com
홈페이지 www.booknamu.com
ISBN 979-11-5776-324-5(03810)

이 도서의 국립중앙도서관 출판시도서목록(CIP)은 서지정보유통지원 시스템 홈페이지(http://seoji.nl.go.kr)와 국가자료공동목록시스템(http://www.nl.go.kr/kolisnet)에서 이용하실 수 있습니다.
(CIP제어번호 : CIP2016028988)

정 경 훈 의

평양 출장

Man / Machine / Material / Method

정경훈 지음

책과나무

~ 책을 펴면서 ~

경협사업의 발전을 기원하며

남북, 북남 경협사업의 일환으로 우리 회사의 제품을 평양에서 임가공 하는 것으로 결정되면서 북한 공장의 실무자들을 회사의 중국 생산법인으로 초청하고 실무 교육을 하게 되었다. 제품 제조 방법에 대한 교육을 하라는 지시를 받고 진행하던 중 생산에 필요한 4M(Man, Machine, Material, Method)의 전반적인 사항에 대해 관여하게 되었다.

결국 교육으로 생긴 인연으로 평양 공장으로 출장을 갈 수 있는 기회가 주어졌다. 우리나라 사람들이 가보지 못한 곳이고 이런 일은 자주 일어나지 않을 거란 생각에 평양 출장 이야기가 나올 때부터 들뜬 마음으로, 반드시 출장 기행문을 남겨야겠다는 생각이 들었다.

회사일로 인해 출장을 가는 것이기에 혼자만 보고 넘기는 것은 직무유기라는 생각으로, 평양 출장 동안 겪은 내용들을 글로 남기기로 작정하였다. 그리고 첫 출장 때 노트 한 권을 준비해서 출발에서부터 귀국에 이르기까지 시간이 날 때 꼬박꼬박 내용을 기록해 두었다. 중국 법인에서의 북측 사람들에게 시작한 교육부터 여러 차례 출장 중에 일어난 일을 되새기며 기록해 놓은 내용을 어렵게 정리한 것이다.

2000년 출장 내용을 15년이나 지난 지금에야 다시금 정리하게 되었다. 사실 정리를 하면서도 많은 걱정이 되어 중단하였다가 다시 시작하기를 반복하였다. 보고 느낀 내용을 가감 없이 그대로 정리했지만, 출장 중에 있었던 일로 인해 관련된 사람들이 괜스레 손해를 보지 않을까 하는 마음에 상당히 염려스러웠다.

중도에 그만둘까 하는 생각도 많이 했지만 이것은 남북, 북남 경협사업으로 인한 것이고 교육과 지도 차원에서 생긴 일이라는 것에 힘을 얻어, 잘 정리하여 출간하자는 쪽으로 마음을 굳혔다.

세상을 살아가는 사람들 모두가 마찬가지이겠지만, 특히 북한 사람들과 일을 쉽고 순조롭게 하려면 상대방의 입장에서 배려해 주는 마음을 가져야 한다고 이야기하고 싶다. 쉽게 하자면, 입장을 바꿔 가면서 일을 해야 한다. 부질없는 자존심만 내세우면 도움 될 것이 하나 없고 시간만 소비된다.

남쪽은 2002년 월드컵 명칭이 한일이냐 일한이냐 하는 것만 가지고 줄다리기를 하다가, 결국 돈보다 체면을 우선으로 하였다. 곧

죽어도 체면을 내세워 앞쪽에 'KOREA', 뒤쪽에 'JAPAN'이 들어가야 직성이 풀린다.

북쪽의 사람들이 누구인가? 우리와 똑같은 피를 가진, 자존심이 어느 민족보다도 강한 조선 사람들이다. 협상테이블에서나 서류 하나에도 우리는 '남북'이라고 주장하고, 북한 사람들은 '북남'이라고 주장한다. 남쪽을 보고 '남조선'이라 하니 기분이 좋을 리 없고, 북쪽을 보고 '북한'이라고 하니 기분 좋을 리 없다. 그래서 그냥 있는 대로 '남측', '북측'으로 상대방을 부르기로 하였지만, 서류 작성만큼은 한 치의 양보도 없이 남측은 '남북'으로, 또 북측은 '북남'으로 각각 작성하게된 것이다.

이렇게 사소한 입장 차이를 제외하고는 맡은 일에 대해서는 책임감을 가지고 완벽히 보장해 준다. 평양에서 만든 제품에 대한 수입검사 성적이 일에 대한 우수성을 증명해 주는 것이었는데, 놀랍게도 수입검사에서 품질에 대한 문제가 전혀 발생하지 않았다.

하루 빨리 경협사업이 재개되어 성실하고 착한 사람들이 일하고 있는 10월 5일 공장(평양공장 명칭)에 매일매일 일을 할 수 있는 일거리가 생겨나길 바란다. 그래서 공장 내에 식당도 생겨나고 휴게실도 만들어 일할 맛이 나는 공장으로 거듭나 공장에서 거둔 성과가 집 살림으로 이어지기를 간절히 바란다.

회사 생활을 오래하면서 언제부터인지 항상 프로라는 생각을 가지게 되었다. 제조 현장의 오랜 경험과 개선 업무가 몸에 배어 있는 것 같다. 특히 선배들로부터 배운 대로, 현장에서 낭비가 보이면 문제와 개선방안에 대해 반드시 지적하는 습관이 생겼고, 평양 출장을 가 있는 동안 평양 사람들에게 많은 지적을 해 주었다. 그래서 나에게 '교수님'이라고 하는지도 모르겠다.

남들이 가보지 못한 평양으로 여러 차례 출장을 진행하였다. 평양에서의 좋은 추억을 가질 수 있도록 여건을 만들어 준 회사에 감사를 드린다. 그리고 금강산으로 북한 구경을 시켜 주겠다는 집사람과의 약속을 지키지 못해 글을 정리하는 내내 마음이 아팠다. 하늘에서 이 책을 마무리하는 것을 보고 있을 거라는 생각으로 스스로를 위로하며 집필을 마무리 지을 수 있었다.

늦게나마 정리하여 책으로 출간하게 되어 다행으로 생각하며, 아무쪼록 경협 사업의 발전과 대북업무에 도움이 되었으면 하는 바람이다.

2016년 11월

정 경 훈

평양 기행 발간을 축하하며

이 책의 저자와는 30여 년 동안 삼성전자의 음향기기 사업부에서, 한국 본사와 중국 삼성 혜주법인에서 주재원으로 동고동락했었다. 중국 주재원 생활 당시의 경험을 바탕으로 평양 공장에 지원한 내용과 출장 에피소드를 모아 평양 기행으로 발간한다고 해서 가져온 원고를 어느 독자들보다도 먼저 읽는 영애를 얻었다.

2000년 초, 그룹의 대북지원 사업의 일환으로 당 법인의 카세트 제품에 대해 평양 임가공 조립이 결정되어 본 업무를 추진하게 되었다. 당시에는 남북의 인력 교류가 없을 때이므로 모든 설비 지원, 기술 교육, 자재 공급 등의 지원을 한국에서 할 수 없어 중국 혜주법인에서 하기로 결정되었다.

평양 공장 가동을 위해 당시 법인장이었던 본인이 북경에서 평양 책임자와 임가공 계약을 체결하고, 이후 평양으로 출장을 가서 직접 생산라인 설치 작업을 총괄하였다. 2000년 4월, 평양 공장 관리 인력과 인솔책임자 등 총 9명을 혜주 공장으로 오게 하여 1개월여 동안 합숙하며 제조 방법, 품질관리 등 작업에 대한 교육을 받게 하였다.

이때부터 교육 책임자로 제조 지원 업무를 하고 있던 저자를 선정했다. 그 이후 8회에 걸쳐 평양을 오가며 느끼고 체험한 내용을 정리하여 기록으로 남겨 당시의 내용을 후배들에게 전하려 노력하는 저자의 모습이 참으로 대견스럽게 느껴진다.

당시 평양과의 인력 교류와 직접적인 교육은 한국 최초의 일이며, 당사 제품 이미지에도 영향을 줄 수 있는 큰일이었다. 평양 공장에서 생산 중에 문제가 발생하면 다른 나라와는 다르게 출장지도가 통제되기 때문에 철저한 실무 위주로 교육할 것을 지시하였다. 그리고 교육 후에는 반드시 테스트를 하여 제품 조립 후의 문제가 최소화될 수 있도록 하라고 지시했던 기억이 새록새록 떠오른다.

당시 처음 대면해 보는 북한 인력의 사고방식이 우리와는 너무나 다르다는 느낌을 지금도 지울 수가 없다. 다행히도 교육생들의 배우려는 태도가 진지하고 사뭇 열성적이어서 퇴근 후에도 호텔방으로 제품을 가지고 가서 밤늦게까지 분해 조립하는 등 아주 성실한 태도를 보였다. 그래서인지 교육 후 테스트 과정에서 전원이 작업지도서 전체를 달달 외우는 성과를 올리기도 했다.

아마 귀국 후 실제 생산 시에는 우리 쪽에서 마음대로 출장 지도를 할 수 없다는 사실을 교육생들이 잘 알고 있기 때문인 것 같다. 게다가 교육 담당자인 저자에 대한 믿음과 지도 능력에 대해서도 대단한 신뢰를 갖고 있는 듯했다. 물론 평양 출장을 통제하는 것은 그들 자신이지만…….

교육 완료 후 만찬자리에서 북한 교육생 대표가 내게 한 가지 제안을 했다. 교육을 담당한 저자와 진행을 맡은 인사부장이 꼭 평양 생산 시 출장 지도를 할 것을 부탁하며 나에게 그 약속을 지키겠다는 사인을 요청했던 기억도 새롭다. 이후 저자가 8차례나 출장 지도하였으니 약속은 지킨 셈이다.

저자를 혜주법인 생산 주재원으로 발령하여 생산은 물론 공장 동 및 기숙사 신축 등 설비 업무까지 담당하게 한 것은 맡은 일은 절대 소홀히 하지 않는 근성이 있기 때문이었다. 북한 교육생 대표로부터 다시금 출장 지도를 부탁받는 등 북한 인력들에게도 인기가 대단한

만큼 교육 능력도 대단했던 것 같다.

이때는 개성공단이 가동되기 전이었고, 통제된 사회와의 교류가 무척 힘든 때였으며 모든 일의 진행이 그야말로 대북지원 이었던 듯 싶다. 그때만 해도 민간 부문의 지원이 활성화되면 통일 이후에도 영향이 있으리라 생각되었지만, 지금의 현실은 그렇지 못해 너무도 아쉽다.

저자가 개인적으로 힘든 환경 내에서도 그때의 일들을 기록으로 남겨 출간을 한 데에 대해 혜주삼성전자에서 함께 고생한 모든 사람을 대표해서 축하를 보낸다.

2016년 11월

강 신 상 前 중국 혜주 삼성전자 법인장

~ 목차 ~

평양 기행

2부

평양 출장

1925

평양기행

1

교육에 대한 열정

•

중국 혜주삼성전자 생산법인에 있을 때의 일이다.

평양 공장에서 카세트 제품을 생산하기 위해서 중국 광동성 혜주에 있는 생산법인으로 교육을 받으러 북한사람들이 출장을 나왔다. 시작할 때에는 숙소와 교육 여건에 대한 이견이 있어 어수선한 분위기로 교육 진행에 어려움을 겪었지만, 시간이 지날수록 서로를 알아 가고 배우고자 하는 열기가 올라가 화합된 분위기 속에서 교육이 무난히 진행되고 있었다.

매일 교육을 마치고 저녁 식사는 회사 구내식당에서 모두 함께 식사를 하게 되었다. 식사를 하면서 이야기를 나누는데, 특이한 점이 있었다. 매일 가지고 온 소화제를 먹는다고 하는 것이었다. 북한약이 궁금해서 어떤 소화제인지 물어보고는 깜짝 놀랐다. 소다를 소화제로 복용하고 있었기 때문이었다.

하루 종일 책상에 앉아 교육을 받고 4시간 주기로 아침, 점심, 저녁 식사를 하게 되어 소화가 잘 안 되어 소다를 먹는다고 했다. 그리고 퇴근 후 저녁 시간부터 아침까지가 너무 시간이 길어 늦은 밤중에는 배가 고프다고 하는 것이었다.

매일 퇴근 후 호텔에서의 저녁 시간에는 먼저 낮에 받은 이론교육에 한해 복습하는 시간을 가지고, 이후 시간에는 실습으로 반드시 카세트 제품을 분해 · 조립하는 과제를 주었다. 실습 용도로 카세트 제품과 필요한 공구를 지급해 주었다.

교육을 시작하고 며칠이 지나자, 인사부장이 찾아왔다. 교육생들의 호텔 생활에 불편은 없는지, 잘 지내는지 궁금하니 퇴근길에 호텔에 같이 가 보자고 하는 것이었다.

타고 가는 승용차 뒷좌석에는 컵라면과 커피 등 간식거리가 잔뜩 있었다. 저녁 시간에 배가 고프다는 이야기를 듣고 며칠 전부터 간식거리를 직접 챙겨 호텔로 보내 주고 있었다고 한다. 그것도 그럴 것이, 저녁을 5시에 먹고 늦은 시간까지 공부를 하니 배가 고플 수밖에 없을 것이다.

준비해 간 간식 보따리를 양손에 들고 객실로 찾아갔다. 아홉 명 모두 동일 층의 객실을 사용하고 있었다. 불빛이 흐릿한 작은 스탠드 하나를 켜 놓고 좁은 응접 테이블을 책상으로 삼고 두 사람이 공부를 하고 있었다. 또 한 사람은 침대에 누워 홀로 공부를 하다가 우리를 보고는 밖으로 나가서 다른 방 사람들에게 회사에서 선생님들이 오셨다고 이야기를 했다.

다른 방에도 마찬가지로, 침대 2개는 붙어 있고 하나는 떨어져 있었다. 원래 객실에 각각 사용하는 1인용 침대가 두 개 있었는데, 이것을 한쪽으로 붙이고 생긴 공간에 1개의 침대를 추가로 넣은 것이다. 그러다 보니 작은 객실은 침대만 있고 공간이 협소했다. 인사부장이 나에게 이야기를 해 주어 알았는데, 반드시 세 사람이 한 객실에 투숙해야 하는 조건이었다고 한다.

호텔 객실 조명이 약하다는 것은 알았지만, 작은 스탠드에 두 사람이 머리를 맞대고 학습하고 있는 것을 보니 예전 아주 옛날 어릴 적에 호롱불 밑에서 공부하던 시절이 생각이 났다. 호텔 생활에 다른 불편한 것은 없는지 물어보았는데, 다행히도 다들 문제가 없다고 했다.

저녁 늦은 시간이니 오늘 학습을 끝내고 1층 식당으로 내려가서 머리도 식히면서 간단히 술이라도 한잔하자고 넌지시 건넸다. 그런데 공부를 해야 하기에 안 된다고 하는 것이었다. 선생님이 찾아와서 이야기하는 것이니 걱정하지 말고 한잔하자고 했는데도 안 된다고 한다. 하는 수 없이 대표로 두 사람만 데리고 1층 식당으로 향했다. 그리고 식당에서 간단하게 맥주를 한잔하면서 다시 이야기를 꺼냈다.

잠깐 동안 모두가 내려와서 간단하게 맥주 한잔하자고 하였지만, 또다시 돌아오는 답변은 안 된다고 하는 말뿐이었다. 몇 차례 더 이야기를 해 보았지만 한사코 안 된다고 한다. 그러면 상점에 가서 술을 사서 줄 테니 올라가서 객실에서 한 잔씩 하라고 하였다. 그것은 받아들이는 분위기였다. 해서 호텔 밖의 슈퍼마켓에서 맥주와 마른 안주를 사 와서 양손에 잔뜩 들고 들어와 건네주었다.

다음 날, 누가 교육생 대표인지도 모른 채 교육을 진행하였었다. 총 아홉 명 중 일곱 사람은 열심히 집중하여 교육에 임했다. 그런데 유독 탁자 중간에 앉은 두 사람만 교육 중에 서로 이야기를 하며 교육에는 별로 관심이 없어 보였다. 느낌에 교육생과는 신분의 차이가 있는 것 같았다. 이런 분위기로 교육이 진행되면 목표한 교육이 될 수 없을 것 같았다.

특히 이번 교육을 엄중하게 하라는 법인장의 별도 지시도 있었다. 그래서 나름대로의 교육 방식으로 두 사람에게 번갈아 가며 질문을 하였다. 몇 차례의 질문에도 답을 하지 못하여 다른 사람들이 웃을 정도로 창피를 좀 주었다.

그러자 그다음 교육 시간부터 분위기가 급반전되었다. 열심히 강의를 듣고 실습도 참여하는 등 교육 분위기가 한층 좋아진 것이다. 교육의 성과를 내기 위해서 교육 마지막 날 시험으로 평가할 예정이니 창피 당하지 않으려면 열심히 강의를 잘 들으라고 이야기를 하였다. 그렇게 하여 교육 기간 중 모두가 나의 강의에 관심을 가지고 매우 충실하게 교육을 받았다.

처음에는 어색했지만, 때마침 교육 중에 대통령께서 방북하여 정상회담을 한다는 뉴스를 접하고 교육의 분위기는 더 한층 고조되었다. 나도 같은 동포로서 사명감을 가지고 정성을 다해 강의를 하였다.

교육 일정 종반 무렵, 교육생들에게 방문 기념으로 선물을 챙겨 주라는 지시가 있었다. 선물에 대해서 여러 가지 의견이 있었지만 최종으로 회사 창립기념일 선물로 만든 고급 여행용 가방을 선물로 주기로 결정하였다. 하지만 가방에 회사 로고가 찍혀 있어서 안 된다고 하는 아쉬운 답변만이 돌아왔다. 어려운 교육 출장의 기념 선물을 가져가 주지 못해 아쉬웠고 매우 안타까웠다.

교육 마지막 날, 드디어 시험을 치르는 시간이 되었다. 필기한 것을 다시 보고 되새기면서 시험 준비를 하고 있었다. 모두가 긴장된 얼굴로 나를 응시하고 있었다. 시험 치르기 전 공부한 내용을 복습하는 의미로, 제품을 만드는 작업지도서 내용을 말로서 풀어 보자고 하였다.

첫 번째, 작업 공정은 무엇인지? 필요한 중요 부품은 무엇인지? 부품의 규격은 어떻게 되는지? 주의해야 할 점은 무엇이냐고? 물어보면서 대답하는 내용을 칠판에 써 내려갔다. 다음 두 번째, 작업 공정은 무엇이고 양품을 만들기 위해서 어떻게 해야 하는지? 다음 세 번째, 작업으로…….

교육 중에 창피를 당한 대표자 또한 작업 내용을 훤히 꿰뚫고 있었다. 모든 것을 전부 외워서 술술 말로 나오고 있었다. 10번, 11번 그리고 마지막 32번 공정까지 거침없이 줄줄 나왔다. 마지막으로 포장하여 출하하기까지 컨테이너에 제품을 상차할 때 주의사항까지 가르친 내용을 전부 훤히 외우고 있는 것이었다. 더 이상 물어볼 이야기가 없었다.

“여러분 모두가 100점입니다. 그래서 시험은 치르지 않겠습니다.”

모두가 박수를 치고 좋아하며 서로가 수고했다고 격려를 아끼지 않았다.

교육과정을 마치고 북경 본사에서 주관하는 만찬 자리에서 교육생 대표의 인사말에, 이번에 교육하신 선생님은 자기 대학 교수 보다 더 잘 가르친다는 내용이 있었다. 이것이 인연이 되어 8년간 남들이 가보지 못한 평양을, 이 사람 저 사람 동행해서 출장을 다녀왔다.

평양에 가면 '교수님'이라고 부른다.

교육을 마치고 북경으로 출발 전 기념촬영

2

베이징 호텔에서의 하룻밤

•

2000년 10월 20일, 중국 북경 쿤룬(KUNLUN) 호텔 식당으로 아침 식사를 위해 내려왔을 때의 이야기이다. 어제 호텔에 도착해서 들은 이야기지만, 쿤룬(崑崙) 호텔은 산 이름을 따서 지었다고 한다. 출장 일정을 메일로 받아 보고 호텔 이름이 처음 보는 한자여서 사전을 찾아보았다. '산 이름 곤(崑)' 자와 '산 이름 륜(崙)' 자를 써서 우리 글로 '곤륜 호텔'이다.

쿤룬 호텔

몇 번의 출장으로 알게 되었지만 이 호텔은 대북 경협사업을 위한 전초기지, 그러니까 한마디로 아지트였다. 북한으로 들어가기 위해서는 반드시 북경에서 하루 묵어야 한다. 호텔방에 출장자 전원을 집합하게 하고 중국 담당자가 여권과 사진을 모아 북경 주재 북한 대사관으로 비자를 받으러 간다. 여권을 빼앗긴 것 같은 이상한 기분 속에 연이어 평양 '하지 마' 교육이 시작된다. 주의 사항과 하면 안 되는 일에 대한 교육을 하고 나면 정신이 멍해지고 마음이 위축된다.

평양은 당일치기로 충분히 갈 수가 있는 거리이지만, 비자를 출국 전날 받아야 하기에 당일에 갈 수가 없는 것이다. 그런데 이렇게 방북한 표시는 여권을 보고서는 알 수가 없다. 세월이 지나면 비자 도장을 찍어 주지 않겠나 하는 생각이 든다.

호텔은 아주 웅장하지만 아침 식사 메뉴는 내가 묵고 있는 광동성 혜주시의 서호(西湖) 호텔과 비슷한 수준의 뷔페 음식으로 차려져 있었다. 나는 중국 뷔페 음식을 좋아하지 않는다. 정말이지, 이제는 먹고 싶은 마음이 없다. 문제는 뷔페 음식으로 아침 식사를 하고 나면 곧바로 아랫배가 살며시 아프면서 그 즉시 화장실로 직행이다. 아무래도 중국 요리에 사용하는 많은 기름기와 과민성 대장을 가진 나의 특수한 체질이 서로 궁합이 맞지 않는 것 같다. 그래서 먼 길을 떠날 때는 아침 식사를 조금만 먹고 출발을 하게 되는 습관이 몸에 뱄다.

그렇지 않아도 어제 저녁 북경 노래방에서 마신 술로 인해 속이 불편한 상태였다. 좋은 컨디션이 아니었다. 일전에 북경에서 혜주 공장으로 출장 온 동료가 있어 같이 식사 한번 했는데, 이번에는 북경으로 출장을 왔으니 꼭 대접을 해야 한다고 해서 한잔하게 되었던 것이다.

북경의 노래방은 한국 노래방과 다를 것 없이 같았다. 새로 나온 신곡을 모르는 내가 북경 노래방에서 신곡을 부르면서 노는 것을 보니, 여기가 우리나라 서울이 아닌가 하고 착각할 정도였었다. 평양 가기 전 위축된 분위기가 조금이나마 좋아졌다.

아침 식사를 끝내고 호텔방으로 올라가자마자 화장실로 직행했다. 이동 중에 화장실을 찾게 될까 봐 은근히 걱정을 했는데, 즉시 효과가 나타나서 출발하기 전에 해결되어 마음 한편으로 안심이 되며 편안해졌다.

아침마다 따뜻한 밥에 된장찌개 하고 생채를 비벼 먹던 집 생각이 절로 난다. 중국 출장 업무가 한 달 조금 지난 무렵에 갑작스레 평양으로 가게 되어 너무도 길게 느껴지고 집 밥 생각이 나서 집사람이 보고파졌다. 아무래도 평양 출장 일정이 연기되고 또 연기되어 취소되었다가 다시 출장을 진행하다 보니, 더더욱 지루함을 느낀 것 같다.

가방을 챙겨 들고 내려와 체크아웃을 했다. 잦은 중국 출장으로 인해 약간의 중국말을 알아들으니 편안하다는 느낌을 받았다. 중국어 회화를 위해서 회사에서 시행하는 3개월 중국어 연수를 한 번 받았으면 하는 생각이 많이 들었다. 하지만 출장 다니는 주제에 차마 말 한 번 꺼내지 못하고 있다.

어제 호텔에 도착해서 점심 식사를 하면서 첫 출장자들과 인사를 나누고, 잠시 동안 주어지는 자유 시간에 사람들을 데리고 유명하다는 천안문 구경을 하고 왔었다. 그래도 잦은 출장으로 중국말을 조금 알아듣는다고 택시를 타고 다녀온 것이다.

쿤룬 호텔방

다녀 온 후 나 혼자 호텔방에서 웃었다. 천안문 발음을 어떻게 하는지도 모르고서 택시기사 에게 대여섯 번을 천안문! 천안문! 하면서 가자고 우겼다. 한참 후 기사가 탠안먼(tian an men)이냐고 나에게 다시 물어 보고서 다녀왔었다. 돌아 올 때에는 호텔명함을 보여 주고 왔지만, 알아듣지도 못하는 중국말을 해가며 다녀온 것이 우습기 짝이 없다.

3

평양 가는 티케팅

•

호텔 높은 로비 벽면을 꽉 채운 웅장한 곤륜산 초대형 그림을 쳐다보고 있었다. 내가 이때까지 보아 온 그림 중에 가장 큰 그림이었다. 대체 이렇게 큰 그림은 어떻게 그릴 수 있단 말인가? 누가 어떻게 그렸는지 궁금해지는 무지막지한 큰 그림이다.

한 사람 두 사람 가방을 들고 내려와서 개별 체크아웃을 하였다. 그렇게 전원 체크아웃이 끝나고 전체 인원 점검을 한 후, 호텔 앞에서 택시를 타고 공항으로 출발했다.

북경 시내는 깨끗하다는 느낌을 받았지만 교통질서를 지키지 않는 것은 어딜 가나 똑같은 것 같았다. 공항 전용 고속도로로 시속 100㎞가 넘는 빠른 속도로 달렸다. 멀리 높은 건물 위에 회사 로고가 새겨진 큰 간판이 보인다. 좀 더 잘 보일 수 있도록 공항으로 가는 고속도로변에 설치했으면, 아마도 지금보다는 더 좋은 광고 효과를 누릴 수 있지 않았겠나 하는 아쉬움이 들었다.

북경공항에 도착해서 바로 간단한 검사를 마치고 출국장 내로 들어갔다. 출국장에는 엄청난 여행객들로 붐볐다. 짐을 가지고 들어가는 사람은 많은데, 검열하는 통로는 하나만 열어 놓고 있어 복잡하기 그지없었다. 어제 출발했던 심천공항이나 북경공항이나 여행객의 편의 따위는 생각하지 않는 것 같다. 언제쯤 여행객을 위해 출입 게이트를 탄력적으로 운영하려는지, 한심하기 짝이 없다.

많은 사람들과 부딪히며 이리저리 떠밀려 그나마 제일 먼저 들어갔다. 고려항공 데스크를 찾아보려고 두리번두리번 사방을 쳐다보았지만, 이상하리만큼 보이지가 않았다. 뒤따라 들어온 인솔자가 손으로 가리키면서 저쪽 끝으로 가라고 한다. 인솔자는 평양을 수차례 방문해 보았기에 공항 사정을 훤히 잘 알고 있었다.

고려항공 데스크는 티케팅 장소 중 제일 구석진 곳에 위치해 있었다. 만약 혼자 왔더라면 찾는다고 엄청 헤매었을 것 같았다. 전광판에 적힌 '평양'이라는 글자를 보고 나서야 '아! 이제 진짜로 평양을 가는구나!' 하는 실감이 났다.

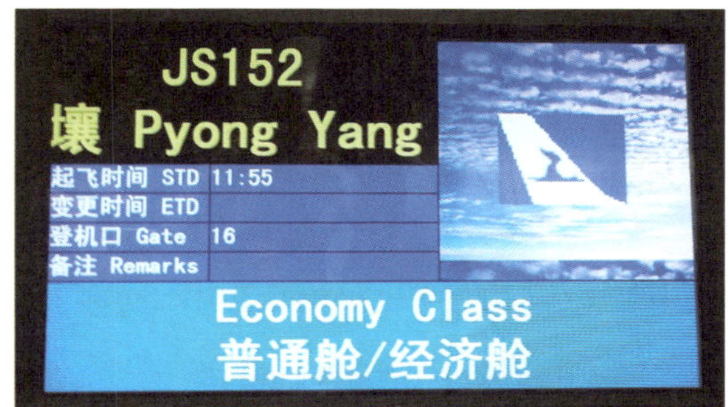

베이징공항 데스크

8월에 대표이사가 북한 출장을 다녀온 직후 평양 출장을 지시 하였다. 평양에서 나를 꼭 출장 보내 달라고 당부했다고 한다. "당신 보고 교수라고 하던데, 평양 가면 대접받겠어." 더불어 잘 준비해서 갔다 오라는 당부를 덧붙였다. 그리고 난 후 9월 초에 출장 이야기가 있었지만 이런저런 사유로 지연되었다. 출장 이야기 나오고 2개월이 지난 것이었다.

티케팅 하는 자리에 서 있으니 가슴에 배지를 단 사람들이 눈에 많이 띄었고, 이곳저곳에서 북한말 소리가 웅성웅성 들려오자 새삼 기분이 묘해졌다. 내가 처음 보았다면 많이 당황했겠지만, 지난 4월에 북한 사람들을 상대로 교육을 진행하면서 한번 접촉이 되어 무난히 그 사람들을 볼 수 있었다. 처음 만났을 때에는 가슴에 달고 있는 배지 때문에 시선을 어디에 두어야 할지 한참 동안 애를 먹었었다.

길게 줄을 서서 기다리는 중에 인솔자가 여권과 티켓을 모아 맨 앞으로 가서 한꺼번에 티케팅을 하기 위해 준비를 하고 있었다. 그런데 여권을 모으던 중에 갑자기 한 사람이 없다고 한다. 1차 출국 검사를 아직 통과하지 못한 사람이 한 명 있는 모양이었다. 우리는 서둘러 찾으러 다녔다.

그때, 멀리서 두리번거리고 있는 사람이 보였다. 우리가 찾던 일행으로, 우리가 있는 이곳을 찾고 있었던 모양이다. 키가 큰 내가 뒤꿈치를 세우고 손을 뻗어 흔들어 보였다. 그제야 나를 알아보고 같이 손을 흔들어 사인을 보내며 우리 일행이 있는 쪽으로 왔다.

고가의 빔 프로젝트를 가지고 출국하려면 문제가 생길 것 같다고 출발 전에 이야기가 나왔었는데 아니나 다를까, 그것이 결국 문제가 되었던 모양이다. 고가의 장비를 가지고 출국하는 것은 문제가 되지 않지만, 다시 중국으로 들어올 때는 문제가 된다고 하여 결국 공항에 맡겨 두고 들어왔다고 한다. 통관에 문제가 없도록 하려면 회사 내에서 사용하고 있는 장비라는 증명서와 구입 영수증 등 증명이 될 만한 서류가 있어야 된다는 것이었다. 그나마 늦게 통과가 되었지만 티케팅 일보직전에 합류되어 다행히도 단체로 한꺼번에 하게 되었다.

인솔자가 티케팅 하는 줄 맨 앞에 서 있었는데, 어쩐 일인지 한참 시간이 지나도 그냥 서 있었다. 벌써 티케팅을 마무리했을 시간인데도 불구하고 제자리에 그냥 서 있었다.

너무 답답하고 지루하여 다른 사람에게 물어보았더니 줄을 바꾸어서 그렇다고 한다. 그러고 보니 아까 서 있던 줄이 아닌 다른 줄에 서 있었다. 기다리고 서 있던 줄이 없어진 것이다. 그렇게 멀리서 티케팅 하는 사람들을 지켜보고 있으니, 문득 어릴 적 시골 버스 정류소에서 버스표를 사려는 사람들이 서 있는 풍경이 생각났다.

그런데 어떤 북한 사람이 줄 서 있는 것과 관계없이 맨 앞으로 가서 여권을 보여 주고는 바로 티케팅을 하는 게 아닌가? 그리고는 무슨 짐인지는 알 수 없지만 열 개도 넘는 큰 박스의 짐을 부치고 있었다. 티케팅 해 주는 사람과 친분이 있는 사람인 것 같았다.

그런데 이렇게 하는 사람들이 한두 명이 아니다. 이러다 보니 규칙에 따라 줄 서 있는 사람은 보통 짜증나는 것이 아니었다. 기다리던 중에 중국말로 큰소리 내어 거칠게 항의하는 사람도 있었다. 그러고 나서 조금 정리되는 느낌이 들었는데, 또 다른 사람들이 나타나 다시 새치기를 하는 것이었다.

다시 중국 사람은 더 큰소리로 항의를 했다. 덕분에 우리도 해결된 것 같았다. 맨 앞에 있던 인솔자의 입가에 미소가 가득히 보였다. '마침내 티케팅이 끝났구나!' 하는 생각이 들어 안심이 되었다.

그런데 다시 다른 옆줄 앞으로 가라는 이야기를 한다. 이때까지 서 있던 줄은 여권 확인만 하였고, 티케팅은 다른 줄에서 해야 한다는 것이었다. 참 어이가 없었다. 인솔자는 다시 다른 줄로 가서 한참이나 서 있어야 했고, 그제야 티켓을 받을 수 있었다.

고려항공 좌석표

무려 한 시간이나 넘게 서 있었다. 개별로 나누어 준 티켓을 보니 전산화되어 있지 않고 전부 수기로 작성되어 있었다. '그래서 티켓발급이 늦어졌구나!' 하는 생각이 들었다.

티켓을 받고 비자와 여권을 보여 주고, 드디어 출국 수속을 마쳤다.

4

특별기를 타고 평양으로

•

우리 일행이 타고 가는 비행기는 특별기라고 한다. 많은 북한사람들이 타고 가는 비행기는 정기운행 비행기이고, 우리가 타고 가는 비행기는 한 시간 반이나 늦게 출발하는 특별기이다. 평양으로 들어가는 사람들이 많아 비행기를 증편했다고 한다. 매주 화요일과 토요일 비행기로 일주일에 2회 운항한다. 평양에서 오전에 북경으로 나오고, 오후에 평양으로 되돌아간다.

출국심사를 마치고 탑승구 앞에 도착하니, 전광판에 '한 시간 지연'이라는 문구가 뜬다. 탑승 인원이 적을 경우 더 많은 사람을 태우기 위해 비행기를 지연 출발시킨다고 한다. 그도 그럴 것이, 티케팅 하는 데만 한 시간 이상 걸리니, 정시 출발은 이미 물 건너가 버린 것이다. 또한 전산처리가 되지 않으니 더 늦어진다고도 한다.

아무튼 이래저래 기다리는 시간은 너무나도 길고 지루했다. 한참을 기다리고 있는 터에 고려항공 비행기가 들어왔다는 누군가의 외침을 들었다. 나는 한 시간의 기나긴 기다림 끝에 드디어 계류장으로 들어오는 고려항공 비행기를 볼 수 있었다.

베이징공항의 평양행 고려항공

첫인상에 무척이나 오래된 비행기로 보였다. 회색 바탕에 적색과 청색 라인으로 되어 있는 TV에서 보던 모습 그대로였다. 무엇보다도 비행기가 너무 낡아 괜스레 걱정이 된다. 그래도 중국 비행기를 이용할 때에는 보험이라도 들고 탔는데, 북한 비행기는 전혀 그런 것이 없을 것 같아 걱정이 앞선다.

이윽고 탑승시간이 되어 탑승하게 되었다. 그런데 다른 비행기 같으면 VIP석 손님들을 먼저 태우고 나중에 일반석 사람들이 타는데, 고려항공 비행기는 아무나 먼저 타는 방식으로 탑승하였다. 통로를 통해 비행기로 들어가는데, 비행기 출입구 높이와 통로 높이가 맞지 않아 가방을 들고 오르기가 힘들었다. 비행기 입구가 낮아 머리를 숙이고 들어가야 했는데, 입구에 머리가 부딪칠 것을 염려해 안내원이 문 위쪽을 하얀 장갑을 낀 손으로 받치고 서 있었다. 얼굴이 무척이나 하얗고 예뻐 보였다.

좌석번호를 보면서 안쪽으로 들어가려는 순간, 분식집 주방이 보이는 것 같았다. 나무 무늬의 목 합판으로 칸막이를 해 놓고 통로에는 자수를 놓은 듯한 하늘하늘한 하얀 커튼으로 가리도록 되어 있었다. 그런 칸막이를 세 개나 지나서야 자리를 찾을 수 있었다. 안내원이 상냥하고 아주 친절하게 안내를 해 주었다.

좌석을 찾고 가방을 올리려고 하다 보니, 아뿔싸! 무언가 이상하다는 느낌을 받았다. 비행기 짐칸(박스)이 일반 버스의 선반과 똑같았다. 짐을 넣고 닫는 문이 없었던 것이다. 하는 수 없이 짐을 올리면서도 비행기 이착륙 시, 혹시 짐이 떨어지지는 않을까 걱정되는 마음에 힘을 주어 가방을 안으로 밀어 넣었다.

짐을 넣고 앉아서 선반을 쳐다보니, 아까 공항에서 비행기 티케팅할 때가 문뜩 생각났다. 비행기 안으로 조그만 짐들은 들고 타는 것이 편안할 텐데 조그만 짐까지 화물로 보내는 것을 보고 의아하게 생각했었는데, 조금이나마 그 궁금증이 풀린 셈이다.

가는 동안 무슨 책이나 볼까 하고 의자 뒷면을 보았지만 책은 찾아

볼 수가 없었다. 이윽고 기내 방송으로 북한 노래가 아주 중후하게 흘러 나왔다. 처음 듣는 음악으로, 소름이 끼치도록 무거운 분위기의 음악이었다. 그제야 '나도 이제 정말 평양으로 들어가는구나!' 하는 실감이 났다.

안내원들이 오가며 짐칸의 가방이 떨어지지 않게 다시금 짐을 밀어 주고 있었다. 안내원들의 얼굴을 보니, 하나같이 모두가 하얀 얼굴에 볼 부분만 볼그스레했다. 피부가 정말로 하얗고 예쁜 줄 알았는데, 자세히 보니 얼굴이 하얗도록 진한 화장을 하고 붉은 연지 같은 것을 한 것 같았다. 감색으로 된 정장차림에 하얀 장갑을 끼고 일을 하고 있었는데, 결혼식 때 신부가 착용하는 장갑과 비슷하였다.

비행기 출발을 알리는 목소리가 방송으로 흘러나왔다. TV 방송에서 듣던 북한 아나운서가 하는 카랑카랑한 바로 그 목소리와 똑같은 소리로 비행기 출발을 안내하고 있었다.

북한말로 안내 방송을 하고 영어로 다시 방송을 하는데, 신기하게도 영어로 하는 목소리는 일반 다른 비행기에서 듣던 목소리와 비슷했다.

과연 이 낡은 비행기가 무사히 이륙을 할 수 있을까? 또다시 걱정이 되었다.

5

고려항공 기내에서

한참 동안 불안한 마음을 가지고 있었는데, 다행히도 비행기는 아무 탈 없이 이륙을 했다. 보통 이륙을 할 때가 되면 안내원을 포함하여 모두가 자리에 꼼짝하지 않고 앉아 있도록 하는데, 고려항공은 달랐다. 비행기가 기울어진 상태에서도 안내원들이 활발하게 움직였다. 안내원들이 위축되지 않고 행동하는 것에 오히려 안전함을 느끼며, 기내 분위기는 확연하게 달라졌다.

한참 후 비행기가 높이 올라가 정상적으로 비행하자, 제일 먼저 간행물 책자를 나누어 주었다. 요청하는 사람에게만 건네주어, 나도 달라고 해서 보았다. 『조선 10월호』라고 되어 있는데, 김정일 국방위원장의 사진이 큼지막하게 실려 있었다. 한국의 언론사 사장단이 방문해서 기념 촬영한 내용도 들어 있었는데, 전체적으로 김정일 국방위원장의 활동에 대한 내용이 정리되어 있었다.

얼마쯤 지났을까, 안내원이 두 종류의 병을 들고 나타났다. 앞줄부터 전해 주면서 나에게까지 왔다. 배 사이다(배로 만든 사이다)와 피주(맥주의 중국말)가 있다고 한다.

듣고 보니 이상했다. 그냥 '맥주'라고 하면 알아듣는데 왜 굳이 '피주'라고 하는지 궁금했다. 내가 중국 사람으로 보였던 걸까? 나는 "이왕이면 맥주를 주세요."라고 하면서 속으론 '나 한국 사람이야.'라고 했다.

맥주 한 캔을 주겠거니 생각을 하고 달라고 했는데, 캔으로 주는 것이 아니라 병맥주를 들고 와서 딸랑 한 잔만 건네주는 게 아닌가? 게다가 아쉽게도 우리나라 비행기 안에서 주는 땅콩 안주는 같은 것은 없었다.

맥주병에는 '룡성 맥주'라고 쓰여 있었다. 한 모금 마셔 보았다. 북한 맥주라고 하여 기대를 하면서 마셨는데, 이건 시원한 청량감의 맥주 맛이 아니었다. 병을 따서 한 컵씩 따라 주니 김은 다 빠진 상태에다가 미지근하기까지 했다. 버리려고 했지만 버릴 때도 없고, 하는 수 없이 다 마셔야겠다고 생각했다.

다시금 맥주를 마시려고 하는데, 순간 옆자리에서 맥주를 엎질러 버렸다. 나도 앉아 있으면서 느낀 일이지만 좌석 뒤에 고정되어 있는 식사용 테이블이 낡아 페인트칠이 되어 있었고, 흔들흔들하여 꽤나 불안했었다. 또한 경사가 져 있어 맥주잔이 조금씩 움직이고 있었다.

결국 테이블 위에 놓아 둔 맥주 컵이 엎지른 것이다. 맥주를 쏟아 당황하는 사람에게 내 주머니에 있던 휴지를 꺼내어 던져 주었다. 지나가던 안내원이 이 모습을 보고 바로 하얀 보자기 같은 것을 가지고 와서 정리해 주었다.

맥주를 다 마시고 잠시 눈을 감고 잠을 청했다. 한국에서 중국으로 출장 갈 때에는 매번 비행기 안에서 TV를 계속 보면서 갔었지만, 오늘 고려항공 비행기 안에는 TV가 보이지 않았다. 심심하고 볼 것도 없고 하여 잠시 눈을 붙여 잠을 청했다.

그리고 얼마쯤 지났을까? 소란스러워 눈을 떠 보니 식사를 준다는 내용의 방송이 흘러나왔다. 나는 자세를 고쳐 앉고는 도시락을 싣고 다니는 카트를 기다렸다. 그런데 기다렸던 카트는 보이지 않고, 안내원이 보통 도시락 크기보다는 조금 더 큰 것을 잔뜩 안고서 한 개씩 건네주었다. 똑같은 것으로 무조건 한 개씩 주었다.

고려항공 기내식 일부

도시락 뚜껑을 열었다. 잡곡밥 색깔이 나는데 잡곡은 없고 순수 쌀밥이었다. 쌀의 상태가 말이 아니었다. 싸라기로 밥을 했는지, 검은 색깔도 있는 아주 꺼칠꺼칠한 밥이었다. 정말 밥맛이 없는 쌀로 밥을 지었다.

그래도 다 먹어야겠다는 생각에 오이지와 다른 반찬을 먹어 보았다. 그나마 반찬은 그런대로 입맛이 맞았다. 약간의 한국 음식 맛이 있기는 하지만, 집에서 해 주는 오이지 맛이 생각나 집사람의 얼굴을 다시 그려 봤다.

6

평양공항에 착륙하다

•

한참 밥을 먹고 있는데, 이번에는 뒤편에서 마시려던 음료수를 엎질렀다. 기울어져 있고 흔들거리는 식사용 테이블에 또 한 번의 피해를 본 것이다. 밥을 다 먹고 도시락 안에 있는 이쑤시개를 찾았다. 그런데 우리가 일반적으로 생각하고 있는 이쑤시개와는 차이가 있었다. 한 개가 들어 있는데, 사각 성냥 개피를 비스듬하게 깎아 놓았다고 보면 된다. 평소 대나무로 된 것만 보다가 포플러나무로 만든 이쑤시개를 보니 새삼스러웠다.

밥을 먹었으니 물을 마시고 싶었다. 안내양을 찾아보았는데 앞쪽 먼 곳에 서 있어, 소리 내어 부르기가 곤란했다. 자리에 앉은 상태에서 손짓을 하다가 겨우 안내양과 눈이 마주쳤다. 그리고 무음으로 "물! 물!" 하고 외쳤다. 내 입모양을 본 안내양 역시 무음으로 "물"이라는 입모양을 해 보였다. 나는 웃으며 고개를 끄덕였다.

조금 지나서 안내양이 물병을 가지고 내 자리로 왔다. 그런데 물

컵은 없고 물병만 들고 왔다. 하는 수 없이 식사 전에 마셨던 맥주 빈 컵을 갖다 대니, 거기에 물을 따라 주었다. 한 개의 컵을 여러 용도로 사용하는 것 같은 느낌을 받았다. 결국 시원한 물맛이 아니라 어정쩡한 맛이 되어 버렸다.

먹고 난 빈 도시락 역시 많이 포개어 가슴에 기대어 안아 나르고 있었다. 빈 도시락을 전부 회수하고서 다시 하얀 커튼을 쳤다. 나무 무늬 벽에 하얀 커튼은 분식집 주방 분위기를 연상시켰다.

얼마쯤 시간이 흘렀을까, 비행기 창으로 밖을 내다보니 많은 산들이 보였다. 그런데 내려다보이는 산에는 나무가 거의 없었다. 전번 중국 출장 때에도 중국의 벌거벗은 산을 보았기에 '아직도 중국 땅을 지나지 못했구나!' 하는 생각이 들었다.

'비행기 안에서의 시간이 얼마 지나지 않은 것 같은데…….' 하고 잠시 시계를 보니 벌써 한 시간이 훌쩍 지나 있었다. 이쯤 되면 도착할 시간인데 이상하여 다시 밖을 내다보니, 아직도 중국을 벗어나지 못한 모양인지 벌거벗은 산이 너무 많았다. 계속해서 쳐다보아도 전부 벌거벗은 산뿐이다. 조급한 마음을 잠시 가라앉히고 조금 지나 다시 밖을 내다보니, 그제야 산에 하나둘 나무가 보이기 시작했다.

때마침 안내 방송이 흘러나왔다. 20분 후면 평양 공항에 도착한다는 내용의 방송이었다. 항상 기장의 착륙 40분 전 안내 방송에 익숙해 있는데, 고려항공은 20분 전에 방송을 한다. 안내 방송을 듣고 난 후에는 계속해서 밖을 내다보았다. 가을이라 역시 산에도 울긋불긋 단풍이 들고 있었다.

비행기가 착륙 준비를 하는 것 같은 느낌의 비행이 시작되었다. 내려가고 내려가고 심하게 또 내려가서 일순간 귀가 멍멍해졌다. 비행기가 낮게 비행하자, 넓은 논 위에 벼를 베어 쌓아 놓은 벼 낟가리가 많이 보였다. 그런데 쌓아 놓은 벼 낟가리가 하나같이 간격을 맞추어 줄지어 정리되어 있었다. 마치 자로 잰 듯이 온 논바닥에 똑같이 줄을 맞추어 정리되어 있는 모습에 집단 농장이착륙을 하였다. 출발 때 많았던 걱정이 잠시 사라지던 찰나, 갑자기 비상벨 소리가 요란하게 들렸다. '따르릉 따르릉' 연신 울려 대는 소리는 흡사 화재경보기에서 나는 소리 같았다.

무슨 비상사태가 발생한 줄 알고 걱정을 하고 있는 터에, 안내양이 태연히 걸어와 앞자리에 앉아 있는 사람과 이야기를 나누었다. 그는 안내양에게 10월호 잡지를 한 권 갖다 달라고 요청하였다. 느낌이 이상해서 앞사람에게 혹시 안내원을 호출했는지 물어보았는데, 그는 아무렇지도 않은 표정으로 호출했다고 한다. 결국 요란한 비상벨 소리는 안내양을 호출하는 소리였던 것이다. 가만히 살펴보니, 머리 위쪽 독서 등 중간에 안내원을 호출하는 스위치가 붙어 있었다.

비행기가 한참이나 활주로를 이동하고 있었다. 차를 타고 시골길을 가는 기분을 느낄 정도로 한참이나 이동하고 있었다. 멀리 농사일을 하는 사람들과 군인들도 눈에 띄었다.

얼마쯤 지났을까, 평양공항 건물이 보였다. 공항 건물 100m 전방쯤에서 비행기가 정지를 하였다. 트랩을 내려가려고 하니, 또다시 안내원이 머리가 출구 상단에 부딪히지 않도록 손으로 비행기 문 상측을 잡고 친절히 대해 주었다.

평안 순안공항

고려항공 트랩을 내려오면서

트랩을 내려오자, 대형 버스 2대가 기다리고 있었다. 무전기를 든 안내양의 지시로 버스가 공항 대합실로 향했다. 대합실 앞에 도착한 후, 버스에서 맨 먼저 내렸다. 버스를 탈 때 마지막으로 탔기 때문에 제일 먼저 평양 땅을 밟을 수 있었던 것이다.

7

북한 입국수속

제일 먼저 북한 땅을 밟고 싶은 마음에 재빨리 움직여 일행 중 가장 먼저 대합실로 들어가게 되었다. 천장이 높은 탓인지 아니면 조명이 약한 탓인지 대합실 내부에는 매우 어두침침했다.

여러 사람들이 한꺼번에 들어오는 것을 보고, 모여 있던 근무요원들이 자기가 근무하는 부스의 문을 열고 재빨리 들어가는 모습이 보였다. 입국 심사를 매우 느리게 처리하는 중국과는 달리 빠르게 처리하는 것 같았다.

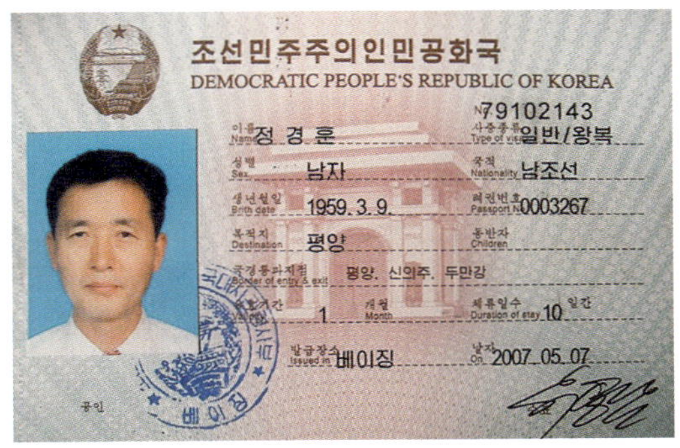
조선민주주의인민공화국
DEMOCRATIC PEOPLE'S REPUBLIC OF KOREA
№79102143
이름 Name 정 경 훈 사증종류 Type of visa 일반/왕복
성별 Sex 남자 국적 Nationality 남조선
생년월일 Birth date 1959. 3. 9. 려권번호 Passport No 0003267
목적지 Destination 평양 동반자 Children
국경통과지점 Border of entry & exit 평양, 신의주, 두만강
유효기간 1 개월 Month 체류일수 Duration of stay 10 일간
발급장소 Issued in 베이징 날자 On 2007.05.07

북한 비자

이윽고 내 차례가 되어 입국 심사대 앞에 섰는데, 창구의 높이가 내 어깨 높이와 맞먹는 높이에 위치해 있다. 내 키가 185센티가 되니, 심사대 창구의 높이는 적어도 160센티 이상이 되는 아주 높은 높이에 설치되어 있었다.

여권을 제시하고 서 있으니까 "처음 오셨습니까?" 하고 질문해 왔다. "예!"라고 대답을 하니 다시 "몇 분이나 오셨습니까?" 하고 재차 질문을 한다. "예, 열네 명이 같이 왔습니다."라고 이야기를 하자, 바로 여권을 돌려주었다. 그와 동시에 통로를 가로막고 있던 U자 칸막이 파이프가 부스 안으로 빨려 들어갔다. 통과한 후에는 자동으로 다시 가로막힌다.

그런데 파이프의 움직이는 소리가 이상하여 뒤를 돌아보니, 심사대에 있는 사람이 손으로 파이프를 잡고서 밀고 당겨서 통제하는 게 아닌가? 닫히고 열리는 타이밍은 자동 같은 수동이었다. 심사대가 한마디로 원두막이라고나 할까? 무척이나 높았다.

가방을 끌고 줄지어 있는 가방의 뒤편으로 가서 섰다. 불과 5m 정도 되는 거리를 두고 아주 많은 사람들이 하나같이 커다란 짐들을 앞에 둔 채로 붐비고 있는데, 어찌 된 일인지 이동 없이 모두가 우두커니 서 있었다. 마치 수화물 검사장이 정지된 것만 같았다.

줄을 서 있는 전면에 칸막이가 되어 있고, 유리창에 커튼이 쳐져 있어 내부가 보이지 않는데, 안쪽에서 수화물 검사를 하는 것 같았다. 칸막이 안으로 수화물이 들어가는 컨베이어가 양쪽에 있지만 물건이 없는 상태로 앞뒤로 공회전만 하고 있어, 도대체 언제 가방을 넣어야 되는지 알 수 없었다.

그런데 그때 어떤 사람이 여권과 세관신고서를 가지고 컨베이어 들어가는 입구로 가서 조그마한 창을 통해 안쪽에 있는 사람과 이야기를 나눈다. 그러고 나니 안쪽에 있는 사람이 컨베이어에 가방을 얹어놓으라고 말한다. 자세히 보니, 앞에 줄 서 있는 사람들을 제치고 당당하게 새치기를 하는 것이었다. 알고 있는 사람들에 대해서만 먼저 수화물 검사장 안으로 가방을 들여보내는 모양이었다. 아무리 안다고 해도 그렇지, 외국인이 드나드는 공항에서 이렇게 해야 되는지 괜히 성질이 났지만 어쩔 수가 없었다. 여기가 평양이 아닌가? 참자.

얼마 후, 또 다른 사람이 똑같은 방법으로 내 앞을 가로질러 먼저 물건을 컨베이어로 집어넣었다. 우리 일행들이 내 옆으로 줄을 서고 이 같은 광경을 보았지만, 전부 멀뚱히 쳐다볼 뿐이었다. 새치기에 은근 화가 나서 내 가방을 컨베이어에 슬쩍 올려놓았더니, 그 순간 안쪽에서 근무하던 사람이 커튼을 젖히면서 가방을 컨베이어에서 내려놓으라고 말한다. 가방을 내리면서 화가 났지만 참고 기다렸다.

커튼 속의 남자는 다른 곳으로 갔는지 보이지 않았다. 사람이 들어가는 출입구는 하나뿐인데, 짐이 들어가는 컨베이어는 양옆 두 곳으로 되어 있었다. 대체 안에서는 무엇을 하는지 유리창에 전부 우중충한 색깔의 커튼을 쳐 놓아 도무지 보이지가 않는다. 기다리다 못해 가방을 다시 컨베이어에 올려놓으니, 커튼을 젖히면서 가방을 세로로 세워 넣으라고 한다. 얼른 다시 가방을 세웠다.

잠시 후 다시 커튼을 젖혀지면서 여자 세관원이 “한 사람씩 합시다.”라고 말하며 컨베이어를 구동시켰다. 가방이 안으로 들어가자, 이번에는 여권과 신고서를 달라고 한다. 작은 구멍으로 여권과 신고서를 제출하고 중앙의 통로로 들어갔다. 나이가 지긋한 사람이 감지기로 온몸 구석구석을 검사했다. 아무 이상 없이 통과하여 가방을 찾으러 컨베이어 끝 쪽으로 갔다.

그러자 내 여권을 가진 검사원이 “이쪽으로 가방을 올려놓고 검사합시다.”라고 하여 검사대에 가방을 올리면서 ‘빨래밖에 없는데…….’라고 중얼거리며 가방을 열어 보였다. 가방을 여는 순간, 무언가 잊어버렸다는 생각이 들었다. 아뿔싸, 선물로 가지고온 술과 담배가 들어 있는 비닐 백을 세관검사대 밖에 두고 내 가방만 챙겨서 들어온 것이었다.

북경공항에서 한꺼번에 선물 구입한 것을 개별로 나누어 가지고 통관을 하고 호텔에 도착해서는 다시 모으기로 한 것이었는데, 밖에서 신경질이 나는 바람에 깜박 잊고 그냥 놔두고 들어온 것이다. 깜짝 놀란 나는 다시 입구 쪽으로 가서 세관검사대 밖의 동료들에게 선물을 컨베이어에 올려 달라고 큰 소리로 외쳤다.

컨베이어를 통해 들어온 선물을 잽싸게 검사대에 올려놓았다. 선물에 대해서는 아무 말도 하지 않는다. 큰 가방 안에 들어 있는 조그마한 가방을 가리키며 무슨 물건이 들어 있는 가방이냐고 묻는다. 세면도구라고 하니, 면도기가 들어 있느냐고 묻는다. 아마도 면도기가 엑스레이에 찍힌 모양이다.

"검사 끝났습니다. 빨리 나가세요." 가방 손잡이를 빼려는데 잘 안 되어 약간 지체를 하니, 다시금 빨리 나가라고 재촉한다. 재촉하는 바람에 허겁지겁 밖으로 나왔다.

순안공항 전경

8

평양공항 대합실에서

똑같은 색상의 옷을 입은 사람들이 많이 서 있었다. TV에서 보았던 누런 잠바를 입은 북한 사람들의 모습 그대로였다. 혹시 우리 일행을 마중 나와서 안내판을 들고 기다리는 사람들이 있는 건 아닐까 하고 이리저리 쳐다보았지만 아무도 없었다. 일행 중 맨 먼저 나왔지만, 반겨 주는 사람은 아무도 없었다.

대합실 내에 마땅히 앉아서 기다릴 수 있는 자리도 없고 해서 밖으로 나가 보았다. 공항 주차장 외곽의 나무에는 가을 단풍이 예쁘게 물들어 있었다. 한국에서 출장을 왔으면 가을 냄새를 맡고 왔을 텐데, 중국에 머물다가 출장을 오다 보니 가을절의 분위기를 평양에 와서야 느낄 수 있었다.

주차장에는 벤츠 승용차가 많았다. 중형버스도 몇 대 서 있었다. 노선버스와 택시는 없는지 승강장이 보이지가 않는다. 일행들이 가방을 끌고 하나둘 밖으로 나오더니, 나오기가 무섭게 비행기 안에서 피우지 못한 담배를 한대씩 힘 있게 빨아 당긴다.

담배연기를 맡고 나니 갑작스레 뒤가 무거워진다. 아까부터 아랫배가 사르르 하여 화장실을 가고 싶었었다. 동료에게 가방을 맡기고 대합실 내 화장실로 향했다. 비행기 안에서 별로 마시고 싶지 않았던 용성맥주를 마신 결과가 바로 생리현상으로 나타나고 있었다.

화장실로 가면서 휴지를 찾아보니, 다행히도 북경에서 챙겨 넣어 둔 것이 주머니에 있었다. 중국에서 화장지 없이 화장실에 들어갔다가 혼이 난 적이 몇 차례 있어서 화장지를 챙겨 다니는 것이 이제는 버릇이 되다시피 되었다.

화장실 안으로 들어가 급히 앉아 문을 잠그려는데, 이상하게도 잠금 장치가 없었다. 혹시나 잠금 장치가 고장이 나서 떨어진 건 아닐까 싶어 살펴보았는데 어디 하나 못이나 스크루가 박힌 자국이 없었다. 아무래도 원래 화장실 잠금 장치가 없는 것 같았다. 볼일을 보면서 문을 잡고 있을 수도 없고 이상하다는 생각을 하고 있는 찰나, 누군가가 문을 확 잡아당긴다. 그러더니 앉아 있는 나를 보고 "미안합니다." 하면서 다시 문을 닫아 준다. 겸연쩍어 화장실 문을 잡고 앉아 있으려고 손을 내밀어 보았지만, 문은 너무 멀리 떨어져 있었다.

'설마 또다시 누가 문을 열겠어? 괜찮겠지.' 하고 잠시 있는데 또다시 누군가가 문을 확 잡아당기고는 "미안합니다."라고 인사한다. 노크를 해서 확인하는 게 우선일 텐데 무조건 손잡이를 당겨 은근히 짜증이 났다. 빨리 끝내고 나가야겠다는 생각만 들었다.

잠시 밖이 조용해졌다. 아무래도 소변보는 사람들도 모두 바깥으로 나간 것 같다. 옆에 걸려 있는 휴지를 쳐다보니, 휴지 색깔이 어디서 보았던 색상이었다. 언제가 책상 위에 엎질러진 커피를 두루마리 휴지로 빨아들인 적이 있었다. 하얀 두루마리 휴지가 금세 누렇게 되었는데, 지금 화장실에 걸린 휴지다. 바로 그 색깔이었다.

한 겹을 잡아 당겨 보았다. 그런데 두루마리 휴지라고 하기에는 뭔가 이상해 보였다. 너덜너덜하다고나 할까? 질이 좋지 않은 휴지였다. 공항 대합실에 걸려 있는 휴지 치고는 아쉬웠다.

변기 물을 내렸다. 물소리 역시 시원히 나오는 물이 아니었다.

순안공항 전경

9

평양 시내로 진입하다

대합실 밖으로 나가 맡겨 둔 가방을 찾고서 공항 외곽의 풍경을 구경하고 있었다. 그러자 검은 제복을 입은 젊은 사람이 다가와 "삼성에서 오셨습니까?" 하고 물어본다. 그렇다고 대답하니, "쌀쌀한데 안으로 들어오시지요?" 하면서 인사를 한다. 나는 "바깥 공기가 좋아 여기서 기다립니다."라고 대답했다. 아무래도 도착한 인원을 파악하는 것 같았다.

잠시 후 대합실 안에 서 있던 많은 사람들이 밖으로 나왔다. 그중에서 나이가 제일 많아 보이는 분이 "삼성에서 오셨습니까?" 하면서 악수를 청한다. 사장이라고 인사를 하면서 찾아다니며 모든 사람들과 악수를 한다. 그리고는 버스가 두 대, 승용차가 한 대이니 나누어서 탑승할 것을 권한다.

나는 가방을 들고 버스로 올랐다. 자리를 잡고 앉아 있는데, 바깥에서는 차 안에 있는 사람을 파악하러 왔다 갔다 하면서 분주히 움직인다. 그러더니 한 사람이 버스에 올라와서 "잠시 기념사진을 찍고 출발합시다."라고 한다. 가지고 있던 가방과 짐을 먼저 차 안에 올려놓고 가벼운 상태에서 사진을 찍으려던 모양이다.

모두들 버스에서 내렸다. 공항 대합실 벽을 뒤로 해서 사진을 찍으려고 하기에, 이왕이면 단풍이 든 주차장을 배경으로 사진을 찍자고 제안했다. 그런데 누구 하나 아무런 대꾸를 하지 않더니, 그저 말없이 사진 찍을 준비를 한다. 한 번 셔터를 누르고는 잠깐만 기다리라고 하더니 "한 번 찍어 안 나오면 어떡합니까?" 하고 한 번 더 찍었다.

승용차가 먼저 출발하고, 내가 탄 버스는 그다음에 출발했다. 바깥 구경을 할 욕심으로 창가 측에 앉았다. 차는 고속도로처럼 생긴 길로 달려갔다.

그런데 버스의 운전사가 오른쪽에 앉아 있다. 운전대가 오른쪽에 있는 홍콩 자동차가 중국 도로를 운행하는 것과 똑같았다. 버스가 아마도 일본 자동차가 아닌가 생각했다.

버스를 앞질러 빨리 달려가는 하얀색의 승합차가 한 대 보였다. 어디서 많이 보던 차종이었다. 잠시 생각해 보니, 우리나라 현대자동차에서 만든 그레이스 승합차 후면과 동일했다. 그런데 후면 중앙에 있어야 할 현대 마크가 없어서 이상하게만 여겨졌다.

길옆에는 논이 쭈욱 펼쳐져 있었다. 비행기가 착륙할 때 창문 너머로 보았던 논에 쌓여 있는 벼 낟가리가 제일 궁금했던 탓에 계속해서 바깥의 벼 낟가리를 쳐다보았다. 좌우 간격이 똑같이 논바닥에 정리되어 있는데, 마치 자로 재어 정리를 해 놓은 것 같았다.

그 옆으로 길가의 가로수 은행나무는 단풍이 들어 노랗게 물이 들었다. 산허리에는 묘지들도 보인다. '중국에서는 묘지를 보지 못했는데, 역시 한민족이라 묘지는 똑같구나!' 하는 생각이 들었다. 이번 출장을 마치고는 부모님 산소에 꼭 들러야 겠다고 다짐해 본다.

공항에서 평양 시내로

차를 타고 가면서 계속 바깥쪽을 주시하고 있었다. 주변은 깨끗했다. 지나가는 사람들도 많이 눈에 띄었다. 무엇보다도 제복을 입은 사람이 많은 것이 인상에 남았다. 군복, 경찰복장과 비슷한 옷, 누런 잠바복장 등 비슷한 종류의 옷을 입고 다니는 사람들이 유달리 많았다.

때마침 내 앞에 앉아 있는 지도원 선생이 가을걷이를 다 했느냐고 말을 건넨다. 나는 지금 중국에서 머물다가 이쪽으로 출장을 오는 길이라 남쪽의 사정은 잘 모른다고 대답했다. '남쪽'이라는 말이 바로 나온다. 중국에서 교육할 때 상호 호칭에 대해서 '남북한'이 아니라 '남쪽', '북쪽'으로 하기로 협의가 된 사항이다. 지도원 선생이 키도 크고 미남형의 얼굴에 큰 안경을 쓰고 있어 금방 호감이 가는 인상이었다. 벼를 베어 낸 논둑에는 군데군데 적색 바탕에 하얀색의 큰 글씨로 "가을걷이에 전원 참여하자"라는 구호가 적혀 있었다.

평양 시내에 가까워지면서 건물의 군데군데 북한식 표어가 많이 보였다. 무엇보다도 "위대한 수령 김일성 동지는 우리와 영원히 함께 하신다."는 표어가 제일 많았다. 아마도 김일성 주석 사망 후 이러한 구호가 생겨난 것 같다.

지나가면서 큰 건물들이 많이 눈에 띄었다. 지도원 선생은 하나하나 친절히 소개해 주었다.

평양 시내 건물

10

만수대 참관

한참을 지나 차들이 언덕길로 올라가고 있었다. 약간의 언덕을 돌아 올라가서 버스가 정차했다. 지도원이 '만수대'라고 안내해 주고는 전부 차에서 내리라고 한다. 그곳은 김일성 주석 동상이 있는 곳이었다. 서울에서 교육을 받을 때 이야기를 들었고, 먼저 출장 갔다 온 동료들한테도 많은 이야기를 들었던 곳이었다. 생각한 것 이상으로 크고 넓게 조성되어 있었다.

평양공항에서 차를 탈 때 꽃다발 두 개를 보았는데, 지도원들이 미리 준비해 와서 우리 대표단에 건네준 것 같았다. 단상에는 꽃다발이 잔뜩 쌓여 있어 아주 많은 사람들이 찾아온 듯한 느낌을 받았다.

공항을 통해 입국한 사람이라면 누구나 만수대로 오는 것 같았다. 공항 대합실에서 보았던 사람들이 하나둘씩 눈에 띄었다. 개중에는 한복을 곱게 차려입은 신부와 정장 차림을 한 신랑도 보였다. 결혼식을 마치고 들놀이 온 것 같은 인상을 주는데, 꽃다발을 준비해 가지고 동상 앞에 놓고 묵념들을 한다. 비디오카메라로 신랑 신부를 촬영하는 모습도 보였다. 주변 경관이 무척이나 좋고 공기도 맑았다.

김일성 주석 동상은 무척이나 컸다. 양옆으로는 광복 투쟁의 모습과 광복 후의 기쁨이 큰 벽면에 조각상으로 표현되어 있었다. 무척이나 정교하게 잘 만들어져 있었다.

지도원 선생이 멀리 보이는 큰 탑에 대해서 설명을 해 준다. 모두가 나라를 사랑하자는 뜻을 담은 노동당 탑이라고 한다.

만수대

그 탑은 김일성 주석 동상과 정면으로 배치되어 있었는데, 멀리 있어 가물가물할 정도의 위치에 있었다. 북한 노동당 기에 그려진 망치, 붓, 낫 이 세 가지를 상징한다고 한다.

무엇보다도 건물과 탑 등이 배치되어 있는 상태가 계획에 의해 조성된 느낌이 들었다. 누군가가 이야기하기를, 모스크바 광장의 구조와 비슷한 형태로 되어 있다고 한다. 평양은 계획도시라는 것이다.

만수대에 온 신혼부부

김일성 주석 동상을 배경으로 사진을 찍었다. 모두들 카메라를 준비해 가지고 왔다. 평양 출장에는 카메라와 노트북을 가지고 오면 안 된다는 이야기를 들었었는데, 어떻게 된 일인지 모두들 카메라를 준비해 왔다. 나 혼자만 카메라를 가지고 오지 않은 것에 아쉬움이 남는다.

여기저기를 배경으로 많은 사진을 찍는다. 북한이라는 곳에서 사진을 찍는 자체가 약간은 이상했지만, 지도원들이 사진을 찍으라고 하니 그만큼 세상이 많이 바뀌었구나 하는 느낌도 들었다.

많은 사람들이 계속해서 참배를 하러 오고 있었다. 하나같이 꽃다발을 준비해 가지고 온다. 북경 공항에서 출발할 때 꽃다발을 들고 다니는 사람들을 많이 보았는데, 중국에서 꽃다발을 준비해서 여기까지 가지고 오는 것이었다. 정말이지 정성이 대단하다는 생각이 들었다.

11

고려호텔에 도착하다

버스를 타고 호텔로 향했다. 중앙에 앉아 있는 지도원은 시내의 큰 건물이 보일 때마다 손으로 가리키며 상세한 설명을 해 주었다.

도착해서 시간을 보니, 공항에서 호텔까지 약 한 시간이 소요된 것 같다. 우리가 묵을 숙소는 고려호텔로, 평양에서 제일 좋은 호텔이다. TV 방송에서만 보았는데 실제로 보니 첫인상은 오래된 건물로 많이 낡은 것 같았다.

고려호텔 로비

그런데 낡아 보이는 외관과는 달리, 로비 바닥은 천연 대리석으로 아름답고 웅장한 느낌을 받았다. 또한 큰 그림들이 호텔 분위기를 중후하게 만들어 주는 것 같았다. 그림은 이때까지 보지 못했던, 한마디로 '환상적인 작품'이었다. 이산가족 상봉행사를 했던 곳, 김대중 대통령 방문 시 수행원들이 묵었던 곳, 회장님 등 유명한 분들이 묵었던 평양의 대표적인 호텔이라는 생각에 조금이나마 좋은 점수를 주고 싶었다.

호텔 로비에서 비행기 표와 여권 그리고 북한비자와 같이 모두 달라고 한다. 사전 교육을 받아서 알고는 있었지만 기분이 썩 좋지만은 않았다. 여권과 비행기 표 내놓으라고 하니 오자마자 찝찝하다는 느낌이 들었다. 같이 온 일행 열네 명 전체 것을 모두 모으고 있었다. 여권을 회수해 가는 이유가 도대체 무엇인지 궁금했는데, 누군가가 말하기를 여기에서는 신용카드가 통용되지 않기 때문에 호텔 사용 후 계산하지 않고 그냥 퇴실하는 것을 방지하기 위한 수단이라고 한다.

체크인을하는 시간이 너무 오래 걸린다. 개별적으로 하는 것도 아니고 전체를 모아서 지도원이 혼자서 대표로 하는데, 대관절 무슨 연유인지 끝날 줄을 모른다. 지루하기도 하고 서 있는 자체가 피곤하여 투덜대고 있던 중 누가 먼저랄 것도 없이 하나둘 로비 내에 있는 커피숍으로 들어갔다.

커피와 산삼차가 있는데, 산삼차가 좋다고 권한다. 산삼차는 처음 마셔 보는 것이 아닌가? 잔뜩 기대하며 마셔 보았다. 우리가 가끔 마시던 인삼차처럼 쌉쌀한 맛이 났다. 산삼차를 마시면서 오늘 계획에 대한 이야기를 나누었다. 저녁 6시 30분쯤 북측 사람들과 회의를 갖자고 협의를 했다.

또 한참을 기다리다가 다시 로비 중앙으로 모였다. 그제야 호텔방 열쇠를 받을 수 있었다. 한 시간 반은 기다린 것 같다. 북한에 가면 많은 인내심이 필요하다는 이야기는 들었지만, 첫날부터 속이 부글부글 끓는다.

받아 든 방 열쇠는 호텔에서 이제껏 받아 본 열쇠 중에서도 제일 두꺼웠다. 방 번호가 새겨진 열쇠고리는 아크릴로 만들어져 있는데, 무척이나 크고 두꺼웠다. 주머니에 넣으면 한 주머니가 될 정도의 아주 큼직한 열쇠 뭉치였다.

열쇠는 받았지만 다시 방을 바꾸고 조정을 하느라 또 한참을 기다려야 했다. 다리가 아프다. 평양을 오려고 중국에서 아침 6시에 출발해서 오후 6시 30분이 되도록 아직까지도 호텔방에 못 들어가고 있으니 너무너무 피곤하기 짝이 없다.

호텔에서는 신용카드를 사용할 수가 없다. 그래서 체크인을 하기 위해서는 전체 일정의 숙박비 80%를 현금으로 먼저 지불해야 한다고 한다. 그리고 나머지 20%는 퇴실할 때 지불하면 된다고 한다.

그러자 80%를 낼 바에는 차라리 100% 완납하자는 의견이 많았다. 어차피 지불할 거면 미리 처리하자고 해서 100% 지불하기로 하였다. US달러 현찰로 준비해 왔지만, 숙박비 일주일분을 모두 주고 식대,

보조비로 30불을 내고 나니 두툼했던 지갑이 금세 홀쭉해졌다.

해외 출장을 다닐 때는 신용카드만 가지고 다니다가 처음으로 현찰을 가지고 출장을 온 것이었다. 회사의 해외 출장비 일당 지급 기준이 중국은 60불인데 북한은 50불이다. 어떤 기준으로 일당을 정했는지 궁금하다. 아마도 북한의 현지 사정을 모르고 기준을 정한 것 같다.

정리된 호텔방

각자 짐을 챙겨 가지고 객실로 올라갔다. 세탁물을 맡기려고 책상 서랍에 접혀 있을 법한 세탁물 봉투가 보이지 않았다. 청소하는 아주머니에게 봉투가 보이지 않는다고 하니, 출입문 쪽에 있다고 한다.

찾아보니, 문 뒤편에 흰 봉투가 있었다. 비닐봉투에는 볼펜으로 쓴 방 호실 번호와 '1', '2'라는 숫자가 적혀 있었다. 1회용이 아니라 계속 사용하는 비닐봉투로 한 사람은 1을, 다른 또한 사람은 2라고 정해 놓고 사용하는 것이었다.

주문서를 찾아 빨래 맡기는 금액을 적으려 했으나 없었다. 가격표는 있는데 주문서가 없어 비슷한 종이에 내역을 적었지만, 아주머니는 그런 것은 쓰지 않아도 된다고 한다. 청소하는 아주머니가 세탁기 없이 손으로 빨래를 하는 모양인지, 빨래한 옷들을 수건으로 감싸고 바닥에 놓고 발로 꾹꾹 밟아 말리고 있었다. 불현듯 내가 어릴 때 어머니가 빨래를 하시던 모습이 생각났다.

재미나는 것은 가격표를 보니 '브래지어'가 '가슴띠'라고 순수 우리나라 말로 적혀 있어 한 번 웃었다.

12

평양에서의 첫날밤

•

오늘 저녁은 평양 출장 첫날이라 환영 만찬을 북측 주관으로 열어준다고 한다. 모두가 정장 차림을 하고서 식당으로 들어섰다.

"안녕하십니까?" 식당 입구에서 한복을 입은 접대원들이 정중히 인사를 하며 반겨 준다. 여자 접대원들은 분홍색과 노란색의 한복을 곱게 차려입고, 남자들은 보통 호텔에서 볼 수 있는 검정색의 정장 차림이었다. 식당이나 호텔에서 서비스를 제공해 주는 여직원들을 가리켜 '접대원'이라고 한다.

사장을 비롯해 몇몇 사람들이 먼저 와서 자리에 앉아 있었다. 북측 사람들이 오늘은 형식에 얽매이지 말고 사이사이에 같이들 앉자고 한다. 자리에 앉으면서 중간중간 자리를 비워 두었다. 환영 만찬 자리는 매우 신경을 써서 준비해 놓았다. 큰 식당의 안쪽에 위치해 있으면서 필요시 방을 늘릴 수 있는 구조의 방이었다.

잠시 후, 북측 사람들이 한꺼번에 들어왔다. 다들 안면이 있는 사람과 서로 마주 보면서 자리를 했다. 나 역시 중국에서 교육할 때 단장으로 온 선생이 내 옆자리로 와서 앉았다. 중국에서 교육할 때 많은 이야기를 나눈 터라, 반갑게 인사를 나누고 서로의 안부를 물으며 부담 없이 많은 이야기를 나누었다.

만찬장의 송악소주

북한에서 만든 북한 술로 건배 제의를 해서 한 잔 마셨다. 자리에 앉기 전에 이미 건배할 술잔에 한 잔씩 부어 놓았는데, 생각 외로 북한 술이 무척이나 독했다. 중국에서 마시던 백주 와 향이 비슷하며 높은 알코올 도수도 비슷한 것 같았다. 곡식으로 빚은 좋은 술이라고 하며 몇 잔을 권하기에 마셨는데 금방 취기가 돌았다. 중국도 아닌 북한에서, 그것도 만찬장에서 술에 취하면 안 된다는 생각에 술을 사양했다.

북한 개선무역의 부 총사장이 주관하는 만찬이었다. 부 총사장이 공항까지 나와서 우리 대표단을 영접한 것이었다. 총사장, 부총사장, 사장 순으로 직급 체계가 되어 있는 것 같았다. 사장은 우리 측에 비교해 보면 사업부장 정도의 직함인 것 같다. 서로가 잘해 보자는 좋은 분위기 속에서 만찬이 그렇게 끝났다.

만찬을 끝내고 엘리베이터를 타고 오는 동안 속이 너무 따가웠다. 한마디로 '찢어지는 것 같은' 통증을 느꼈다. 찹쌀로 빚은 곡주라고 했는데 약을 찾을 정도로 속이 아프고 쓰리다. 아무래도 '송악 찹쌀 곡주'는 나에게는 맞지 않는 독한 술인가 보다.

속을 달래려고 냉장고에 든 생수 두 병을 다 마셔 버렸다. 특이한 점은 생수병이 페트병이 아닌 맑은 유리병으로 되어 있다는 점이다. 호텔방 냉장고에 들어 있는 생수는 공짜라고 한다. 중국 호텔에서 방에 있는 물을 마시면 돈을 내야 하지만 여기서는 괜찮다고 한다.

오늘 아침 5시에 기상을 해서 현재 시각 저녁 10시 물론 피곤함을 느낄 시간이지만, 처음 오는 평양 출장에 긴장감 때문인지 이루 말할 수 없는 피로로 다가왔다. 나는 따뜻한 물로 샤워를 하면서 피로를 풀기로 했다. 호텔 화장실 문은 잠금 장치가 있는지 살펴보았다. 다행히도 공항 화장실과는 달리 튼튼한 잠금 장치가 달려 있었다.

속이 어느 정도 안정을 찾자, 바로 잠을 청했다. 내일 일을 걱정하며 빨리 자야겠다는 생각이 들었다.

(13)

평양의 아침

평양에서의 첫 아침을 맞았다. 커튼을 걷어 젖히고 밖을 내다보았다. 평양 시내가 한눈에 들어온다. 투숙해 있는 곳이 32층으로 멀리까지 볼 수 있었던 덕분에, 마치 전망대에서 내려다보는 기분이었다. 창문은 대형 유리창으로, 문을 당겨 열 수 있었다. 창문으로 들어오는 찬 공기는 맑았고 도시는 깨끗하다는 느낌을 받았다.

고려호텔에서 본 평양 시내

8시까지 식당으로 내려와서 식사를 하라고 인터폰으로 연락이 왔다. 어제 저녁에 만찬이 열렸던 큰 식당이었다. 뷔페식으로 되어 있어 여느 호텔과 마찬가지로 샌드위치 빵이 첫 번째로 놓여 있었다. 빵 색깔이 흰색이 아니고 약간 검게 보였다. '밀가루가 좋지 않구나?' 하는 생각이 들었지만 일단 하나를 집어 접시에 담았다.

다음 음식을 보면서 지나가는데, 조그마한 푯말에 한글로 음식의 이름을 그릇 밑 부분에 세워 놓은 게 보였다. 오이무침, 고사리 무침, 김치, 콩나물 무침 등등 눈에 익은 음식의 이름을 보고 나는 속으로 쾌재를 불렀다.

'아! 여기는 밥이 나오는구나!' 하면서 반찬을 이것저것 조금 많이 담았다. 그러면서도 반찬은 남기지 말아야지 하는 생각을 했다. 북한 사람들이 중국에 와서 교육을 받을 때 회사 식당을 이용하면서 반찬을 깨끗이 비우는 것을 본 적이 있어서 그런 생각이 든 것 같다.

정갈한 평양 김치

마지막 반찬을 올려놓을 쯤 밥을 공기에 담아 준다. '오늘은 밥을 먹는구나!' 하면서 기분이 좋아 자리로 돌아가는데, 접대원이 나를 부르다. 돌아서 보니 "선생님, 된장국을 가져가세요." 한다. 된장국은 조그마한 뚝배기에 담아 준다.

자리에 앉아 밥을 먹으니 우리 집에서 마누라가 해 주는 밥맛과 똑같았다. 집에서 해 주는 밥을 먹어 본 지 한 달 보름이 지났으니, 밥맛이야 말로 설명할 수 없을 만큼 너무 좋았다. 내가 생각해도 밥그릇, 반찬그릇을 싹 비운 것은 모처럼 만의 일인 것 같다.

식사를 하면서 오늘의 일정을 물어보았다. 일정도 일정이거니와, 궁금한 것은 복장 여부였다. 그런데 꼭 정장을 입으라는 것이었다. 안 그래도 비행기에 탈 때도 정장을 입으라는 사전 연락을 받아 복장 문제가 은근히 신경이 쓰이던 차였다. 오늘은 일요일. 회사 출근을 하는 것도 아니고 구경하러 간다는 이야기를 하면서도 정장 차림을 하라니, 이상하게만 느껴졌다.

식사를 마치고 방으로 올라가 양복으로 갈아입고 다시 내려왔다. 옷이라고는 중국 따뜻한 곳에서 출발할 때 입고 온 여름 양복 한 벌뿐이었다. 날씨는 제법 쌀쌀한데 별다른 방법이 없었다.

현관 앞에는 지도원 선생들이 먼저 나와 기다리고 있는데, 하나같이 정장 차림이었다. 전부 감색 양복을 갖추어 입었다. 벤츠 승용차는 대표단 단장을 영접하는 차이고, 나머지 버스 두 대에 일행이 나누어 타고 호텔을 출발했다.

얼마 지나 시 외곽으로 나가면서 차창 밖으로 시외 경치를 볼 수 있었다. 공사 현장에 많은 골리앗 크레인이 서 있다. 크레인이 전부 검게 되어 있어서 가동을 중단하고 서 있는 것인지, 아니면 일요일이라서 있는 것인지 새까만 상태로 흉물스럽게 보였다. 건물을 짓다가 중단한 곳이 많이 보인다. 강가에서 모래를 퍼 올리는 크레인도, 철로 옆에서 물건을 하역하는 크레인도 전부가 움직이지 않고 서 있었다. 거리는 깨끗했지만 높은 건물들이 시멘트 색깔 그대로 회색빛이 전부를 차지하고 있어 차갑게 느껴졌다.

강변의 선박 크레인

차가 강 위의 다리로 지나가고 있었다. 우리나라의 경기도 양평을 가자면 한강줄기를 타고 긴 다리 위로 차가 지나가는데, 그 다리와 똑같았다. 한참 있다가 알았는데, 우리가 지나가는 곳이 대동강이라고 한다. 말로만 듣던 대동강을 창밖으로 구경하면서 지나가고 있었다.

도로는 군데군데 아스팔트가 파여 있어 차가 덜컹거리면서 간다. 낡은 군복을 입고 산에서 염소를 지키고 있는 군인도 눈에 띄었다. 예전에 흑백 영화에서 본 인민군 복장 그대로였다. 탄띠를 차고 어깨에는 위장을 할 수 있는 그물처럼 된 줄이 있었다.

낡은 트럭이 앞에서 가고 있었다. 트럭 뒤 짐 칸 위에는 많은 사람들이 타고 있었다. 삽, 곡괭이 등을 가지고 집단 노동을 하러 가는 것 같았다. 남자 여자 할 것 없이 모두 찬바람에 웅크리고 앉아 일터로 가는 모양이다.

그렇게 얼마쯤 지났을까, 도로의 아스팔트가 깨끗했다. 새로이 포장한 지 얼마 되지 않은 듯했다. 도로 옆의 나무들이 깨끗하고 잘 가꾸어져 있는 걸 보고 '여기는 공원이구나!' 하는 생각이 들었다.

14

만경대를 가다

•

버스가 약간의 언덕길로 올라가고 있었다. 도로 옆 주변의 나무들은 한 그루 한 그루 모두가 잘 가꾸어진 채 단풍이 예쁘게 물들어 있었다. 잔디밭과 주변이 아주 깔끔하게 정리되어 있어 보기 좋았다.

도착지에 차가 다다르자, 한복을 입은 여성 안내원이 도로 옆에서 기다리고 있었다. 평상시 보던 일반적인 한복이 아니라 두꺼운 천으로 된 검은색 바탕에 빨간 꽃무늬가 있는 한복으로, 오랫동안 입어서인지 낡아 보였다. 내가 어릴 적 시골에서 어머님이 겨울철에 입고 계시던 한복과 흡사했다. 지도원 선생과 무슨 이야기를 하고 나서 우리를 영접했다.

안내원이 육성으로 안내를 시작했는데, 잘 들리지 않아 조금 더 가까이 다가갔다. 김일성 주석의 생가가 있는 만경대라고 하면서 계속해서 설명이 이어진다. TV에서 가끔 내보내던 북한 방송에서 여자 아나운서가 하는 목소리와 똑같았다. 걸어가면서도 계속해서 설명이 이어지는데, 외운 것인지 아니면 말을 잘하는 것인지 거침없이 쉬지 않고 말을 잘한다.

계속 이어서 다른 관광객들도 또 다른 안내원의 소개를 받으며 집으로 들어온다. 안내원도 여러 명 있는 것 같았다. 구경을 마치고 차 타는 곳까지 따라 나오면서 친절히 설명을 해 주었다.

김일성 주석 생가

우리는 다시 차를 타고 시내 쪽으로 들어왔다. 차창 밖으로 내다보니 집단으로 일을 하는 모습이 많이 보였다. 경사진 논을 깎아 평평하게 하는 일들을 하고 있었다.

포클레인이나 불도저 같은 장비는 어쩐 일인지 보이질 않는다. 오로지 삽, 곡괭이로 일을 하는데, 힘든 일을 여자도 하고 있는 모습이 보였다. '남녀 구분 없이 똑같은 일을 하는구나' 싶어 측은하기도 했다. 또 한쪽 귀퉁이에는 모닥불을 피워 놓고 서 있는 감독관 같은 사람들도 보였다.

만경대

차를 타고 시내 쪽으로 들어오니, 전기를 이용해 운행하는 버스가 많이 보였다. 타이어가 펑크가 나서 길옆에 그냥 세워 둔 버스도 있었다. 버스의 뒤쪽 타이어는 한쪽에 두 개씩 양쪽을 합해 4개인데, 타이어 한 개가 없이 3개로 다니는 차도 있었다. 뒤쪽 미등의 본래

커버는 없는 상태로 흰색과 빨간색, 노란색 페인트칠을 해 놓은 버스도 보였다.

차 밖에는 '천리호', '○○호' 등 차의 이름을 새겨 놓았다. 우리나라 차 같으면 광고판을 붙여 놓았을 텐데 광고 문구는 전혀 보이지 않았다. 차가 낡아서 금방 고장이라도 날 것 같은 상태에서 차들이 움직이고 있어, 불안한 느낌을 지울 수 없었다.

무궤도 전차

15

개선문과 주체탑

한참을 지나 개선문 옆에 차를 세웠다. 사진 속에서만 보던 프랑스 파리의 개선문하고 비슷했다. 여기에도 안내원이 기다리고 있었다. 노랑 저고리와 까만 치마의 한복을 입은, 나이가 40대 정도 되어 보이는 안내원이었다. 우리를 개선문 앞으로 데리고 가서 설명을 하는데, 신기하게도 만수대의 안내원 목소리와 똑 같았다. 텔레비전에 나오는 여자 아나운서, 그 목소리다.

김일성 주석 70돌을 맞이한 기념으로 세웠다고 한다. 화강암으로 축을 쌓아 만들었는데, 벽면이 70면으로 김일성 주석의 나이와 맞추었다고 한다. 그리고 축을 쌓은 숫자, 옆의 길이, 높이 등 모든 조형물의 형태 및 숫자가 김일성 주석에 관련된 의미로 작품을 구성하였다.

개선문 옆 광장의 큰 모자이크 기념물도 이와 비슷한 형태의 숫자 및 뜻으로 구성되어 있었다. 특히 우리나라의 전통 기와집의 서까래를 표현한 시공으로 되어 있다고 한다. 그러면서 우리나라 기와집 밑에 있는 서까래에 대한 이야기를 들려주었다. 곧은 서까래를 며느리가 자르는 바람에 잘라 놓은 나무를 버리지는 못하고, 진짜 서까래 밑에 보조 서까래로 해 놓았다는 우리나라의 전통(며느리서까래)에 대해서도 잘 알고 있었다.

개선문

개선문으로 지나가는 차가 별로 없어서 우리는 도로 한가운데로 나가서 개선문을 배경으로 사진을 찍었다. 한 나라의 수도 도로 중앙에 나가서 사진을 찍은 것이다. 우리나라 서울에서는 생각이나 해 보았을까?

개선문 구경을 마치고 다시 시내로 이동했다. 사거리에는 얼굴에 화장을 곱게 한 교통 안내원이 수신호로 교통정리를 하고 있었다. 교통정리를 하는 모습이 아주 절도 있었다. 안내원이 서 있는 발밑에는 철판이 깔려 있었다. 전후좌우로 회전하는 동작이 잘되도록 하기

교통 지도원

위해 철판을 깔아 놓은 것 같았다. 일부 교통신호기가 설치되어 있는 곳도 있지만, 작동시키지 않고 전부 수신호로 정리를 하고 있었다.

일행이 찾아간 곳은 주체탑이었다. 탑 높이가 170m로 매우 높았다. 이것 역시 김일성 주석 70회 돌에 완공되었다고 한다. 주체탑을

중심으로 대동강 중앙에 두 개의 분수대가 있는데, 물 높이가 140m 정도 올라간다고 한다.

높은 주체탑 전체를 배경으로 사진을 찍으려고 낮은 곳으로 내려갔다. 대동강 쪽으로 내려가는 계단이 많았는데, 계단 층층에 앉아서 대동강을 볼 수 있는 형태로 조성되어 있었다. 사진을 찍고 계단으로 다시 올라와 반대편으로 넘어갔다.

주체탑에 올라가는 엘리베이터가 있는 1층 통로로 들어갔다. 다른 곳은 입장료를 받지 않는데, 주체탑은 유로로 운영되고 있었다. 긴 통로를 지나고서 엘리베이터를 타고 꼭대기 까지 올라갔다. 여기에서도 역시 안내원의 설명이 계속되었다.

꼭대기에 올라가니, 평양 시내가 한눈에 들어왔다. 멀리 삼각형 모양을 한 큰 건물이 있었는데, 동양에서 최고로 높은 류경 호텔이라고 한다. 그런데 호텔을 짓다가 현재 몇 년째 공사가 중단된 상태라고 한다.

주체탑에서 본 평양 시내

평양 시내를 보며 한 가지 신기한 점을 발견했다. 주체탑을 중심으로 좌우 대칭이 되게 건물이 건축되어 있었던 것이다. 똑같은 건물이 양쪽으로 배치되어 있어 무엇보다도 정리가 잘된 모습이다.

주체탑 구경을 마치고 내려와 지하에서 담소를 하며 시원한 북측 사이다를 마셨다. 매점 직원들이 신기한 듯이 우리들을 쳐다보았다. 주체탑을 상징하는 배지들을 선물로 팔고 있었다. 다른 외국인들에게도 역시 남자 안내원들이 따라 다니는 것을 볼 수 있었다. 대형버스, 소형차 할 것 없이 안내원들이 같이 수행하고 있었다.

주체탑 구경을 마치고 호텔로 이동해서 점심 식사를 했다. 같이 동행한 지도원 선생들과 같이 식사를 하게 되었다.

호텔 내부에 별도의 식당이 4개 정도 있는 것 같은데, 사전에 협의를 하여 이미 예약해 놓은 모양이다. 미리 예약을 하여 빠른 식사를 할 수 있었다.

꽤 맛있는 점심 식사를 마치고 다시 호텔 내에서 휴식 시간을 가졌다.

16

민속주점 풍경

호텔 밖으로 나가지 말라고 사전교육을 받은 바 있다. 호텔에 도착하면 곧바로 각자의 방으로 들어가서 다음 진행을 기다린다. 저녁 식사를 하러 내려오라는 전화를 기다리면서 TV를 켜고 끄기를 반복하며 호텔방 안에서 대기하고 있었다. 마침 한두 시간 지나고 전화가 와서 내려갔다.

로비에 모두 모였다가 식당으로 이동했다. 점심 식사 때와는 다른 장소로 가서 식사를 하였다. 그나마 다행인 것이, 한식으로 식사를 하니 이리 가든 저리 가든 전혀 문제없는 식단이다.

식사 후 호텔 안에 있는 북한 노래방을 구경하고 싶었다. 안내원에게 이야기하여 허락을 받고 노래방이 있는 지하층으로 내려갔다. 복도를 따라 한참을 걸어갔는데, 어쩐 일인지 노래방 문이 닫혀 있었다. 하는 수 없이 오픈하길 바라면서 문 앞에서 한 20분 정도 기다렸는데, 오늘은 일요일이라 쉰다는 연락을 받았다. 일요일이면 손님이 많을 것 같은데, 또 그렇지만은 않은가 보다.

하는 수 없이 호텔 매점에서 맥주를 사 가지고 와 호텔방에서 한잔 마셨다. 일본 브랜드인데 중국에서 생산된 맥주였다. 맛이 우리나라 맥주와 비슷하였다.

다음 날. 아침에 기상하여 8시에 식사를 하고 다시 호텔방으로 올라와 옷을 갈아입고 잠시 쉬다가 9시에 내려갔다. 어제 회의했던 민경련 사무실에 가서 다시 협의를 하였다. 현재 공장에 있는 인원에 맞게 생산 물량을 공급해 달라는 요청이었다. 유휴 인력이 많은 것 같았다.

회의를 끝내고 다시 호텔에 있는 식당으로 와서 점심 식사를 하고, 2시 30분경 버스로 생산 공장을 방문하였다. 중국에 와서 실무교육을 받았던 사람들이 아주 반갑게 맞이해 주었다. 교육을 진행했지만 평양에서 만나리라고는 생각지도 못했는데 다시금 만나서 정말 반가웠다.

생산 공장은 깨끗이 정리되어 있었다. 동그란 하얀 모자를 쓰고 작업복 또한 하얀 색깔로 처음 보는 것이었다. 남자와 여자 모두 젊은 사람으로 반반쯤으로 구성되는 것 같았다. 버스 한 대로 모두가 타고 움직이기에, 약속한 시간 안에 현장지도를 마감해 달라고 지도원 선생이 당부를 한다.

5시 30분, 일을 끝내고 호텔로 들어왔다. 저녁 식사를 하러 버스를 타고 밖으로 나갔다. 도착한 곳은 '민속집'이라는 간판을 달고 있었다.

식당 안으로 들어가니, 꽃분홍 한복으로 차려입은 접대원들이 많이 보였다. 큰 홀로 되어 있는 민속집의 전면에는 무대도 마련되어 있었다. 지배인이 인사를 하면서 식사를 하고서 접대원들과 같이 노래도 하고 춤도 추라고 청한다. 그러자 지도원이 여기는 춤을 출 사람이 없다면서 농담을 한다.

민속주점 풍경

불고기를 먹으면서 술도 같이 한잔했다. '돌버섯술'이라고 하면서 다른 곳에는 없고 오직 이 식당에만 있다고 자랑을 한다. 무슨 술인가 하고 병뒤쪽의 글을 읽어 보았더니 '항암 치료, 건강 회복, 성기능 회복' 등등, 한마디로 술이 아니라 만병통치약이었다. 술맛도 그런대로 괜찮았다. 그래서 술을 사 가지고 갈 수 있느냐고 물어보았더니,

30$ 정도 하는데 알아보겠다고 하였다.

술을 마시다 문득 생각해 보니 무대에 올라가서 노래를 부르고 싶은데, 부를 수 있는 노래가 없지 않은가? 그나마도 얼핏 생각나는 것이 〈반갑습니다〉였다. 그렇지만 가사를 모르니 방법이 없었다. 고민하다가 접대원을 불러 노래 가사가 적힌 책이 있으면 갖다 달라고 하였다. 그랬더니만 노래 가사를 적어 달라는 이야기냐고 물어보기에 적어 달라고 요청을 했다.

시간이 지나고 접대원이 두 명씩 무대로 나가서 노래를 불렀다. 〈신고산 타령〉, 〈아리랑〉 등 남쪽 사람들이 알 수 있는 노래만 골라 부르는 것 같았다. 얼마 후, 접대원이 나에게 노래를 적은 종이를 갖다 주었다. 종이를 펴 보고서 깜짝 놀랐다. 글자 하나하나 정자로 쓴 글씨는 정말이지 정성이 가득했다. 너무도 글자를 똑바로 써서 내가 미안함을 다 느낄 정도였다. 연필로 쓴 글씨로, 이제껏 내가 본 글씨 중 최고였다. 다른 사람들이 나에게 어떻게 그 종이를 받았냐고 문의해 왔다.

내친 김에 종이를 들고서 지도원 손을 잡고 같이 무대로 나갔다. 종이를 보면서 〈반갑습니다〉를 불렀다. 많은 박수갈채가 쏟아졌다. 접대원들이 한참 다른 노래를 하는 중에 단장이 종이를 좀 빌려 달라고 한다. 단장도 종이를 들고 무대로 나가 노래를 했다.

얼마쯤 시간이 지나자, 탁자 건너편에 접대원이 지배인을 데리고 왔다. 지배인이 나에게 돌버섯술을 사겠느냐고 물어본다. 사겠다고 하니 몇 병이나 사겠냐고 한다.

아차 하고 뇌리에 스치는 것이 이참에 좀 팔아 주어야겠다는 생각이 들어 병을 들고 광고를 했다. 병에 적힌 술 효능에 대해 읽어 주고 선착순 다섯 명에게만 팔겠다고 하니, 금방 다섯 병이 되었다. 더 살 사람들이 있는 것 같아 두 병만 더 추가로 팔겠다고 하여 일곱 병이 되었다. 돈을 받아서 세어 보고 지배인에게 돈을 건네주니, 돈을 가지고 카운터로 가자고 한다. 카운터 앞에서 나의 것까지 포함해서 총 8병을 주문하였다.

지배인이 웃으면서 이왕이면 10병은 채워 달라고 이야기한다. 나는 "알겠습니다!"라고 말하고는 개봉이 안 된 포장된 상태로 한 병을 달라고 했다. 포장상태는 종이가 아닌 나무로 되어 있으며 인두로 그림이 그려져 있었다. 사각나무 포장 자체가 하나의 작품으로 보인다.

나는 한 병을 가지고 자리로 돌아와서 인두로 된 그림을 보여 주며 딱 두 병만 더 판다고 이야기를 하니, 좋다고 하면서 한 사람이 두 병을 사겠다고 했다. 해서 요청한 10병을 채우게 되었다.

얼마쯤 있었을까, 식당 최고 지배인을 데리고 와서 술 10병을 팔아 준 손님이라고 하면서 나에게 인사를 한다. 그리고 답례라고 하면서 총지배인이 무대로 나가 노래를 했다. 춤도 같이 추자고 하여 잠시 무대 앞에서 약간의 춤도 추었다. 술자리를 마치고 나가면서 민속식당에 지배인으로 오지 않겠느냐는 농담도 받았다.

노래를 적어 준 접대원이 인사를 하여, 이왕이면 노랫말 밑에 사인을 해 달라고 부탁했다. 같이 서 있던 지배인이 빨리 해 드리라고 하면서 인사를 한다. 정성 들인 가사 종이에 사인을 받아 호텔로 왔다.

민속주점 요리

17

현장의 공장에서

•

오늘은 화요일. 공장으로 직행하는 일정이다. 토요일에 출장을 왔는데, 오늘에서야 비로소 공장으로 간다. 공장은 호텔에서 그리 멀지 않았다. 차를 타고 10분 정도 되는 거리에 있었다. 공장 건물들은 하나같이 비슷한 형태로 지어져 있었으며, 여러 공장들이 단지 내에 많이 보였다.

공단 전체를 둘러보지는 못했지만 타고 간 버스가 공단 입구에서 공장까지 여러 공장을 지나쳐야 했다. 이 정도 규모의 단지이면 물건을 수송하는 차량들이 엄청 많이 왔다 갔다 해야 되는데, 허전한 도로를 보고 아쉬움이 남는다. 예전에는 무척이나 공장 운영이 잘되었던 것 같았다. 공단 내의 나이 든 큰 가로수가 예전의 번창함을 증명해 주는 것만 같았다.

어떤 제품을 만드는 곳인지, 여자 군인이 총을 메고 건물 앞에 서 있는 공장도 있었다. 공단 내에서는 각기 다른 제품을 생산 하는 것 같다.

오전 업무를 마치고 점심 식사를 하기 위해 버스를 타고 호텔로 다시 돌아왔다. 호텔에서 식사를 하다 보니, 공단 내에 사원식당이 있는지 확인해 볼 수가 없었다. 식당을 어떻게 운영하는지 궁금했었는데 몹시 아쉬웠다.

평양공장 현장지도

점심 식사를 마치고 호텔방에서 대기하고 있으면서 전화 연락을 기다렸다. 오후 2시에 다시 공장으로 가서 업무를 보고 5시 30분쯤 퇴근했다. 호텔방으로 올라가서 또 전화만 기다린다. 호텔 외부로 나갈 수 없기 때문에 호텔 안에서 또 저녁 식사 시간을 알리는 전화를 무료하게 기다려야 한다.

그렇게 기다리던 전화를 받고 저녁 식사를 하러 버스를 타고 밖으로 이동했다. 오늘 저녁 식사는 한참이나 가서 도착한 식당에서 할 수 있었다. 아마 매일매일 다른 식당에서 식사를 해 볼 수 있도록 배려를 하는 것 같았다.

식사를 마치고 다시 호텔로 돌아왔다. 식사 때 한잔한 취기가 남아 있어, 일요일 문을 닫았던 노래방에 가자고 이야기를 하니 단장이 흔쾌히 허락했다. 지하에 있는 노래방으로 향했다. 중국에 있는 노래방을 생각하며 들어갔는데, 완전히 느낌이 빗나갔다. 그저 오픈된 큰 노래방이었다. 이전 우리나라의 노래방이 처음 생기기 시작했을 때 그 초창기의 모습이었다.

외국 사람들이 노래를 하고 있었는데, 우리가 함께하여 마이크를 넘겨받았다. 〈반갑습니다〉 그리고 〈신고산〉을 부르고 나니, 더 이상 부를 만한 마땅한 노래가 없었다. 기대했던 평양의 노래방 분위기는 그야말로 썰렁했다. 맥주나 한잔했으면 했는데, 좋아하지도 않는 양주를 주문해서 마셨다. 그러다 보니 술에 금방 취하고 말았다.

다음 날 아침, 식사를 하면서 일정에 대해서 이야기했다. 공장 일은 오전 중에 마무리를 하라고 한다. 시간이 부족하다고 이야기한들 바뀌지도 않을 것이고, 그래서 현장에서 꼭 해야 할 과제를 관리 감독자에게 많은 숙제로 주었다. 진행 상황은 팩스로 받고 차기출장 시 점검하기로 하고 오전 중에 마무리했다.

공장을 떠나면서 많은 아쉬움이 남았다. 중국 공장에 와서 나에게 교육을 받은 사람들이 문제없이 생산라인을 가동하는 것을 보고 뿌듯함을 느꼈다. 공장을 방문해서 교육 때 만난 사람들과 평양에서 꼭 함께 식사를 하고 싶었다. 그래서 공장 온 첫날, 지도원들께 퇴근 후 식사 제의를 했었다. 그러나 며칠이 지나도 이렇다 할 답변이 없었다. 지도원들이 만남의 기회를 주지 않는 것이었다.

나는 다시 저녁 시간이라 어려울 것 같으면 점심 식사라도 괜찮다고 말하며, 호텔에 가서 간단히 냉면이라도 같이 먹었으면 좋겠다고 이야기를 했었다. 하지만 그 누구도 아무런 대꾸도 하지 않는다. 그런데 오전 일을 마치고 공장 정문을 나올 때 지도원이 하는 이야기가 "이제 가시면 못 보실 건데 인사나 하시지요."라고 한다. 만남의 시간을 주지 않겠다는 이야기다.

현장개선 실무교육

일일이 악수를 하고 차에 먼저 탔다. 떠나면서 인사말을 정중히 하고 싶었지만, 화가 났다는 것을 보여 주고 싶어 말을 하지 않았다. 또한 떠나면서 얼굴을 보자니 마음이 아팠다. 차 안에 돌아앉아 핑 도는 눈물을 가까스로 참았다. 이런 상태에서 교육을 시키고 작업지도를 해 준들 무슨 효과가 있겠는가. 그러면서 '아직은 아니구나.' 하는 생각이 들었다.

호텔로 돌아온 후 점심을 먹고 호텔방에서 기다리고 있었다. 그리고 출장 기간 동안 추진한 일을 A4용지에 정리하여 경협 담당자에게 건네주었다. 출장 때 노트북을 가져올 수 없으니 손으로 직접 작성하여 제출한 것이다.

듣자 하니, 내일은 묘향산 관광을 간다고 한다. 7박 8일 출장 중에서 생산 공장에서 머문 시간은 얼마 되지 않았다. 월요일은 오후에 2시간 30분, 화요일은 5시간 정도, 수요일은 2시간 30분, 그러니 총 10시간 정도 되었다. 많은 일을 하고 싶어도 할 수 없기 때문에 내가 난생 처음 기행문이라는 것을 작성해 보는 것이 아닌가 하고 자책을 해 본다.

씁쓸한 마음을 뒤로한 채 저녁 식사를 마치고 일찍 잠자리에 들었다.

18

묘향산 구경 갔는데

오늘은 묘향산에 간다고 해서 아침 늦은 시간에 식당으로 갔다. 모두들 식사를 끝낸 시간으로, 밥은 없고 흰죽만 남아 있다고 한다. 할 수 없이 계란 프라이와 김칫국 한 사발로 아침을 해결했다.

출발하는 아침 날씨가 무척이나 쌀쌀했다. 평양 시내를 벗어 날 때쯤, 제일모직에서 임가공 하는 연못공장이 보였다. 북한에서는 연못이 아니라 '련못'이라고 한다.

묘향산으로 가는 길의 고속도로는 제법 잘 만들어 놓았다. 차는 아주 드물게 보이고 길은 좋아서 내가 직접 운전을 한다면 최고 속력으로 달리고 싶은 충동이 일었다. 곡선구간도 별로 없고, 일직선으로 잘 닦아 놓았다.

길옆의 넓은 논에서는 집단으로 일을 하고 있었다. 기계장비 하나 없이 곡괭이로 땅을 파는 모습은 그 옛날 우리네 모습과 닮아 있었다. 도로 옆 마른 풀밭에서 무엇인가를 찾고 있는 모습도 보였다.

누런 잔디 속에서 풀뿌리를 캐는 것 같았다. 손에는 호미와 나물을 담는 바구니 같은 비닐봉지를 들고 열심히 찾고 있었다. 도로변에 이런 사람들이 자주 눈에 띄었다.

'묘향산'이라고 하지만 이정표에는 '향산'이라고 적혀 있었다. 깨끗한 강물이 보이고 많은 사람들이 강을 건너기 위해 나룻배를 기다리고 있었다. 옛날 시골의 강을 건너던 일이 생각났다. 강을 따라 계속 이어진 길로 들어가니, 길옆에 단풍이 활짝 곱게 들어 있었다. 산을 훼손하지 않고 강가에 다리를 놓아 길을 만든 곳은 인상적이었다.

묘향산 가는 길

한참을 들어가니 큰 머릿돌에 '묘향산'이라는 글이 새겨져 있었다. 바닥의 돌들이 다 보일 정도로 물이 너무너무 맑았고, 냇가의 돌은 하얗게 이끼 하나 없었다. '정말 오염이 안 된 곳이 이런 곳이구나!' 하는 생각이 들었다.

평양에서 출발한 지 두 시간쯤 지나 도착한 우리는 국제친선관이라는 곳에 차를 세웠다. 많은 사람들이 줄을 서서 입장을 기다리고 있었다. 지도원이 버스에서 내려 검문초소 뒤로 가더니, 잠시 후 한복을 입은 여자 안내원을 데리고 같이 차에 올라왔다. 안내원은 우리를 보고 환한 미소를 지으며 공손히 인사했다.

국제친선관람관

버스가 검문소를 지나 대리석으로 만든 다리를 건너갔다. 건물 앞에서 모두 내려 걸어가면서 안내가 시작되었다. 김일성 주석과 김정일 장군에게 세계 여러 나라 수반 및 유명 인사들이 바친 선물을 진열해 놓았다고 한다. 각기 떨어져 있어 먼저 김일성 주석, 그다음 김정일 장군관을 참관하자고 한다.

안내원이 건물 앞으로 가서 돌로 만들었다는 크나큰 문에 대해서 설명한다. 돌로 제작한 문으로, 한쪽 무게가 4톤이나 되지만 한 손으로 밀어도 충분히 문을 열 수 있도록 되었다고 자랑을 한다. 그러면서 단장 보고 직접 열어 보라고 한다.

모두가 안으로 들어갔다. 카메라와 입고 온 두꺼운 외부코트는 벗어서 맡겨 놓고, 덧신을 신고 들어가야 한다고 한다. 우리에게 주어진 관람 시간이 짧기 때문에 최근 받은 선물과 한국에서 보낸 선물이 전시되어 있는 곳만 보여 주겠다고 한다. 전시된 선물 전체를 보려면 일주일은 족히 걸린다고 선전을 한다.

입구에는 선물을 보낸 나라를 LED로 표시해 놓은 큰 세계지도가 걸려 있었다. 선물이라는 선물은 모두 진열되어 있었다. 값으로는 이야기할 수 없을 정도로 어마어마한 선물들이 많았다. 상아, 옥, 금은 보석, 그림, 조각, 수예 등등 여러 가지 선물들이 진열되어 있었다. 그리고 각 지역별로 진열되어 있었다.

복도에는 직접 진열할 수 없는 식물(꽃 · 나무)과 동물, 물고기, 새 등의 사진을 진열해 놓았다. 들어오기 전 위에서 보던 건물은 그다지 크지 않았는데, 내부 지하는 엄청나게 컸다. 이쪽에서 저쪽 끝까지 복도가 400미터나 된다고 한다. 이렇게 큰 규모가 지하 3층으로 되어 있다고 한다. 게다가 자연을 훼손하지 않고 산속에 굴을 파서 건물을 지었다고 한다.

한참 구경을 하고 김일성 주석 밀랍상이 있다고 하여 들어갔다. 그곳에는 먼저 온 사람들이 기다리고 있었는데, 군복을 입은 군인들이 줄을 지어 서 있었고 치마저고리 입은 사람들도 많았다. 먼 곳에서 관람을 온 것 같았다. 들어가기 전 줄을 서서 경건한 마음으로 기다리고 있다고 한다.

우리 측 안내원이 바쁜 손님들이니 먼저 들어간다고 이야기하면서 안으로 들어갔다. 늦게 온 사람들이 먼저 들어간다고 하면 짜증도 날 법한데, 신기하게도 누구 하나 불만스런 표정이 없었다.

큰문을 열고 들어가는 순간, 나는 놀라움을 금치 못했다. 마치 살아 있는 사람이 잔디밭에 서 있는 것 같았다. 김일성 주석 밀랍상을 만들었다고 하는데, 생전에 TV에서 보았던 모습 그대로여서 소름이 끼쳤다. 바닥의 잔디와 나무도 만들었다고 하는데, 한결같이 똑같았다.

안내원은 앞에서 묵념을 한다. 그나마 다행인 것은 우리 보고 하라고 하지는 않는다. 나무와 잔디가 모두 실과 헝겊으로 만들었다고 하는데, 사람이 만들었다는 것이 믿어지지 않을 정도로 완벽한 작품이다.

참관을 마치고 한국관으로 들어갔다. 김대중 대통령과 김정일 위원장이 악수하는 사진이 걸려 있었다. 김대중 대통령께서 친필로 사진 아래에 글을 써 놓은 것이 보인다. 현대에서 보낸 다이나스티 승용차도 있었다.

옆방에는 침대회사에서 보낸 멋있는 가구들이 전시되어 있었다. 자동차, 소파 등 그냥 사용하면 좋을 텐데, 왜 진열해 놓았는지 도통 알 수가 없다.

구경을 마치고 차를 타고 나왔다.

19

묘향산 소풍을 마치고

•

내려오는 길에 보현사 사찰을 구경하려 했는데 시간이 없어 차를 타고 지나가면서 보기로 하고, 곧바로 산행을 하기로 했다. 등산로 입구에 도착하여 차 안의 커튼을 치고 입고 온 양복바지를 간편한 바지로 갈아입었다. 정장 차림은 국제친선 관람 관 입장을 위해 요구한 것이었다.

산행을 위해 편안한 복장으로 갈아입고 묘향산 등산로로 향했다. 바위를 계단식으로 깎아 놓아 올라가기 편하게 되어 있었다. 작은 폭포도 보이고, 흐르는 물은 너무도 깨끗했다.

산에 올라온 사람들이 제법 있었다. 학교에서 소풍을 온 것 같은데, 쌀자루를 둘러메고 올라가는 학생도 보였다. 높은 곳에 웅장한 바위들이 있는데, 모두 김정일 장군을 칭호하는 글자가 새겨져 있었다. 글자를 새겨 놓지 않았으면 멋있는 바위인데 많이 손상이 가서 아쉬웠다.

아쉬움을 뒤로하고 한참을 오르니, 쉬어 가는 정자도 있었다. 잠시 쉬면서 구경하다가 다시 조금 더 올라가기로 했다. 경치가 좋아 모두들 사진을 찍는다고 여념이 없었다. 학생들이 배경이 좋은 곳 앞에서 줄을 서서 차례대로 사진을 찍고 있었다. 기다리는 줄이 길어 순서대로 사진을 찍다가는 약속한 시간을 맞출 수가 없었다.

그러자 안내원이 사진기사에게 다가가서 우리가 먼저 찍겠다고 이야기를 하는 것 같았다. 결국 우리는 기다림 없이 곧바로 단체 사진을 찍을 수 있었다. 한마디로 새치기를 한 것인데, 누구 하나 불평하지 않았다. 너무 순진한 것 같다. 아니, 어쩌면 직급에 눌려 기가 죽어 있다는 표현이 맞는 것 같다.

묘향산 향산호텔

사진을 찍고 바로 하산했다. 여기까지 와서 시원하고 깨끗한 물에 손이라도 적셔야겠다는 생각이 들어 물가로 향했다. 찬물에 손을 씻으면서 돌을 주우려고 이리저리 찾아보다가 큰 것은 무리인 것 같아 조그만 돌 하나만 주웠다.

돌을 줍고 나니 문득 돌아가신 아버님 생각이 났다. 지금은 계시지 않겠지만, 북한에 큰아버님이 살고 계신다는 이야기를 생전에 하셨다. 이번 출장을 마치고 산소를 찾아가 북한 돌을 아버님 산소에 갖다 드려야겠다고 생각했다.

버스를 타고 보현사를 지나 묘향산 호텔로 직행했다. 호텔 식당에서 점심 식사로 오리고기 요리가 나온다고 하여 잔뜩 기대하고 기다렸다. 이렇게 오랫동안 기다린 요리이건만, 오리털이 완전히 뽑히지 않은 채로 그냥 볶은 요리로 맛이 없었다. 그렇지만 돌버섯으로 만든 요리와 산나물로 만든 국은 일미였다. 국이 맛있다고 한 그릇 더 먹는 사람도 있었다.

맥주와 백두산 소주를 마시고 나니 약간 취기가 돌았다. 차가 출발하고 누군가 한마디 했다. 묘향산으로 소풍을 왔는데 관광버스 춤이라도 춰야 되는 것 아니냐고 한다. 얼른 생각에 〈반갑습니다〉 노래를 같이 불러야겠다는 생각이 들었다.

많은 박수로 유도하여 지도원 선생을 자리에서 일어나게 하였다. 지도원 선생이 노래 한 구절씩 선창하게 하고 모두들 후창을 하는 형태로 진행시켰다. 우리나라에서 들어 본 풍월이 있어서인지 모두가 금방 노래를 따라 한다. 이렇듯 모두다 같이 노래를 합창을 하고 나니, 마치 하나 된 듯한 따뜻한 분위기가 연출되었다. 다들 기분이 좋은 것 같았다.

합창이 끝나고서는 모두 한숨 자려는 자세를 취했다. 맨 앞 조수석에 앉아 있던 지도원이 햇볕이 강하여 앞에 앉아 있지 못하겠다고 하면서 일어서자, 나도 얼른 일어서서 내가 앉은 자리에 앉으라고 하고 내가 그 자리로 갔다. 지도원이 걱정스런 표정으로 "정 선생은 햇볕이 괜찮습니까?"라고 물어본다. 말없이 바로 주머니에서 선글라스를 꺼내 착용해서 한바탕 웃음을 터뜨렸다.

조수석에 앉아서 졸지 말아야겠다고 스스로 다짐했건만 졸다가 깨고 졸다가 깨며 한참을 지나왔다. 지도원이 차를 갓길로 세우면서 소변을 보고 가자고 권한다. 고속도로이지만 휴게소가 없으니 갓길에 세우는 방법밖에 없다. 모두들 가로수 뒤로 가서 소변을 보았다. 멀리서 일하는 농부들도 있었지만, 달리 방법이 없었다.

묘향산 평양간 고속도로

다시 차를 타고 한참을 지나왔다. 뒤를 돌아보니 모두가 잠을 자고 있었다. '조수석에 앉아 있는 나까지 잠을 자면 운전기사가 졸겠구나.' 하는 생각이 들어 잠을 깨우려고 일어섰다가 다시 앉았다.

한참 동안 똑바로 곧은길을 운행하다가 차가 도로 옆으로 바짝 붙어 간다. 햇볕이 따가워서 그늘이 있는 쪽으로 운행하는 거라는 생각이 들었다. 산을 잘라 길을 만들었기에 그늘이 많이 져 있었다. 앞을 보니 도로가 계속해서 일직선으로 쭉 뻗어 있어 잘못하다가는 졸음운전을 할 것 같다는 생각이 들었다.

차가 또다시 도로 옆으로 운행한다. '날씨가 더워 계속해서 나무그늘이 있는 도로가로 진행을 하는구나!' 하는 생각을 하고 있는데, 차가 가드레일 옆으로 너무 바짝 붙는 것 같았다. 그 순간 '꽈가강' 하고 차가 가드레일에 긁히는 소리가 나면서 심하게 흔들렸다. 전부 놀라 잠에서 깨었고, 차는 길옆에 세웠다. 운전기사가 그만 졸음운전을 한 것이다.

모두 차에서 내렸다. 차가 많이 찌그러져 있었는데, 다행히 타이어 측에는 아무 문제도 없었다. 차량 정비도 하고 놀란 마음도 진정시킬 겸, 10분 정도 쉬었다가 가기로 했다.

다시 차에 올라와 보니, 조수석 앞 유리에 금이 가 있었다. 가드레일을 들이받을 때의 충격에 금이 간 모양이다. 만일 가드레일이 없는 길에서 졸음운전을 했으면 어떻게 되었을까? 섬뜩한 생각이 들었다. 요행이 가드레일이 있어서 사람들은 다치지 않은 셈이다.

차 안에서는 모두가 또렷한 눈을 뜨고 누구 하나 말을 꺼내지 않았다.

20

집단체조를 보고

•

저녁에 당 창건 55주년 기념 집단체조를 보기 위해 시간을 맞추어 온 것인데, 다행히 예정된 시간 내에 호텔에 도착할 수 있었다. 저녁 6시 30분이 조금 넘은 시간에 체조 구경을 해야 하니, 옷을 든든히 입고 내려오라고 한다. 따뜻한 중국 남쪽지방에 머물다가 출장을 왔기에 두꺼운 옷을 가지고 오지 못했다.

껴입을 옷이 마땅히 없었던 나는 하는 수 없이 러닝셔츠를 하나 더 꺼내어 두 겹으로 입고서 나서는데 청소하는 아주머니가 "어딜 가십니까?" 하고 물어본다. "체조 보러 갑니다."라고 하니, 옷을 두툼히 입고 가라고 한다. 아마도 아주머니는 체조 구경을 하고 오신 것 같은 느낌을 받았다. 청소 아주머니까지 옷 걱정을 해 주는 것을 보니, 아마도 추위에 고생 좀 할 것 같았다.

엘리베이터를 타고 내려왔다. 엘리베이터가 연동으로 동작 되는 것이 아니고 각기 별도로 동작되게 되어있어 전기 낭비가 심하다. 4개를 전부다 누르고 기다리는 경우가 많다. 결국 1개만 타고 내려오지만 우리같이 성질 급한 사람은 4개 모두 눌러 놓고 먼저 도착 하는 것을 타는 것이다. 최고급 호텔의 엘리베이터 시스템이 아쉽다.

1층에서 기다리다가 다른 일행과 같이 운동장으로 향했다. 꽤나 높은 사람들이 온 것 같다. 승용차 1대와 버스 2대로 이동했다. 2층으로 차를 올리고 바로 경기장으로 들어갔다.

경기장 내에서는 카드 섹션 연습을 하고 있었다. 미국의 울브라이트 국무장관이 방문하여 집단체조를 관람하는 장면을 호텔 TV로 보았고, 어제는 중국군의 6·25 참전 기념으로 군 고위간부가 찾아와 김정일 국방위원장과 같이 관람하는 것을 보았다. 우리는 TV로 보았던 김정일 국방위원장이 앉아 있었던 바로 뒷면의 VIP석으로 갔다.

몇 사람이 앉아 있었는데, 지도원들이 다른 곳으로 보냈다. 우리 인원이 많았지만 한 줄에 모두 앉았다. 의자도 푹신하고 앞에는 대리석으로 된 테이블도 있었다. 정중앙 부위에 우리들이 앉은 것이다. 운동장 VIP석에 앉아 보기는 난생 처음이었기 때문에 대단히 영광스러웠다.

그리고 내 옆에는 중국에서 교육 할 때 참가하였던 참사관이 앉았다. 참 오래간만이었다. 북한에 와서 꼭 만나보고 이야기를 나누고 싶었는데, 오늘에서야 동석을 할 수 있었다. 즐거운 마음에 중국 공장 안부 이야기며 여러 가지 이야기를 나누었다.

정면에는 2만 명 정도 앉는다는 카드 섹션 자리가 있었다. 중학생들이 카드 섹션을 한다고 했다. 운동장에는 파란 카펫을 깔아 놓았고, 운동장 밖으로는 깃발을 든 사람들이 빼곡히 들어서 있었다. 잠시 후, MC 멘트로 시작한다는 방송이 나왔다. 한복을 곱게 차려입은 여자가 방송을 했다. 기다리던 집단체조가 이제 서막을 올렸다.

제주도, 울릉도, 독도까지 표현한 체조

신기하게도 운동장에서 하는 체조와 카드 섹션 내용이 일치했다. 체조도 체조거니와 카드 섹션은 완전히 컴퓨터 디스플레이 하는 것과 똑같았다. 내가 TV를 보면서도 저것이 전광판인지 카드 섹션을 하는 것인지 도무지 구분이 되지 않았다. 너무나도 정교하게 하기 때문에 놀라지 않을 수가 없었다. 젊은 청년에서 유치원생까지 나와 체조를 하는데 박수가 절로 나왔다.

내용은 전부가 김일성 주석과 김정일 국방위원장을 중심으로 한 내용이었다. 1장, 2장 넘어가며 8장까지 진행되었다. 어려웠을 때부터 현재에 이르고, 또 향후 비전까지 제시하는 형태로 연출되었다. 연출자가 누군지는 몰라도 진짜 대단하다는 생각이 들었다.

어린이들의 체조

마지막에는 김정일 위원장을 보좌하는 군인들이 나와서 고난도의 태권도 시범을 보이고 카드 섹션에는 "우리를 건드리는 자 이 행성 우에(위에) 갈 곳 없다."라는 표시가 떴는데, 매우 섬뜩하게 느껴졌다. 또 공군이라는 표시를 하면서 줄을 타고 운동장을 가로지르는 묘기를 선보였다. 마치 서커스를 하는 것 같았다. 모든 내용들이 진짜 혼자 보기에는 아까웠다. 행사 내용을 찍어 놓은 비디오가 있으면 구입하고 싶은 심정이었다.

구경을 마치고 차에 올라탔다. 차가 운동장을 빠져나오는 데 꽤나 많은 시간이 걸렸다. 그 많은 사람들이 한꺼번에 나왔기 때문이다. 차를 타고 가는 사람들은 거의 없었고, 전부가 걸어서 밖으로 나갔다. 날씨는 몹시 추웠다. 체조를 하던 유치원생, 초등학생들이 행사 유니폼을 입고 벌벌 떨면서 이동하고 있었다.

10월 10일 당 창건 기념식부터 체조를 하였는데, 오늘이 26일 매일 매일 행사를 했다고 한다. 멀리서 구경 오는 사람도 있거니와 평양 시민들도 빠짐없이 구경 오는 것 같았다. 연습 시간을 물어보니 3개월 정도 연습을 한다고 한다. 5년, 10년, 주기별로 큰 행사를 개최한다고 한다.

평양 남포 신고속도로도 창건 55주년에 맞추어 개통했다고 한다. 모든 일이 55주년에 맞추어서 진행했다는 것이다. 구경은 잘했지만, 그동안 많은 연습으로 고생한 어린이들을 생각하니 괜스레 마음이 아팠다.

21

마지막 만찬

•

오늘은 다 같이 식사를 한다고 한다. 모처럼 첫날 내 옆에 같이 앉았던 인상 좋은 지도원과 술 한 잔을 할 수 있는 기회가 온 것 같았다. 호텔방으로 올라가서 옷을 갈아입고 내려왔다.

그런데 모두가 같이하는 동석이 아니었다. 단장과 사장단은 먼저 다른 식당으로 갔고, 남아 있는 출장자와 같이 다닌 지도원과 식사를 해야 했다. 오늘은 같이 술 한잔하려 했는데 이루어지지가 않았다. 지도원이 나에게 "정 선생께서는 여기보다 1층 식당으로 가는 것이 좋을 듯합니다."라고 한다. 동료 지도원이 기다릴 것이라는 이야기다.

아쉽지만 할 수 없었다. 출장 와서 내 마음대로 되는 일은 하나도 없었다. 모두 다 진행하는 뒤편에서 그저 하자는 대로 따라다녀야 하기 때문이다. 홧김에 소주를 좀 마시려 하자, 오늘 저녁 부사장과의 면담이 있을지 모르겠으니 대표자들은 술을 하지 말라는 눈치다. 그렇지만 '이왕 시작한 거…….' 하면서 네 명이서 한 병을 가지고 나누어 마셨다.

식사를 하고 올라와 잠시 기다리면서 기행문을 적었다. 얼마쯤 있으니 전화벨이 울렸다. 아래층 단장 방으로 모이라는 내용이었다. 내일 마지막 회의에 앞서 사전 조율하는 시간을 가지자고 한다. 한참 동안 토론이 이어졌다. 머리가 아프고 신경질이 났다. 화를 낼 수도 없고 꾹꾹 참은 탓에 두통이 찾아왔다.

그렇게 새벽 1시 30분이 지났다. 그제야 일을 마무리 짓고 방에 올라가려는데, 술이나 한잔하자고 한다. 일단 방에 가 있으면 부르겠다는 것이었다. 방에서 잠시 앉아 있으니 전화가 왔다. 3층 식당 옆 칵테일 바로 오라는 것이었다.

여섯 명이 앉아 맥주를 마시기 시작했다. 세 병, 또 세병……. 3시가 넘어가고 있었다. "내일을 위해 이제 일어납시다!" 하여 자리에서 일어섰다.

오늘이 27일, 평양에서의 마지막 업무를 하는 날이다. 내일이면 가기 때문에 아쉽지만 오늘로 평양 구경도 끝내야 한다. 9시쯤 출발한다고 하는데 시간이 잘 지켜지지 않는다. 항상 일이 그러했다. 정시에 시작하는 것을 본 적이 없다.

버스가 왔는데, 어제 사고 난 버스는 안 보였다. 아마도 수리를 맡긴 것 같다. 차는 둘째 치고 사고를 낸 운전기사는 나이가 상당히 많아 보였는데 불이익을 받지 않을까 우리들은 내심 걱정했다.

민경련 회의실에 가서 기나긴 회의가 시작되었다. 처음부터 옥신

각신하다가 1시 30분쯤 끝냈다. 어느 건물이나 마찬가지겠지만, 들어가는 입구에는 김일성 주석과 김정일 위원장이 한 명언들을 적어 놓았다. 또 회의실에는 두 사람의 초상화가 걸려 있었다.

회의를 마치고 호텔로 돌아왔다. 호텔에는 아직 몇몇 사람들이 남아 있었다. 대표자들은 회의를 했지만, 남아 있는 사람들은 오늘 업무가 없기에 아침부터 2시까지 호텔에서 기다려야만 했다. 전화라도 되면 늦게 간다고 이야기를 할 텐데 안타깝게도 전화가 되지 않았다. 호텔에서는 아직도 우리의 옛날 기계식 전화기를 사용한다. 다이얼을 돌릴 때마다 너무너무 불편하다고 느꼈다.

오늘 중식은 호텔 45층 꼭대기 회전식당에서 하기로 되어 있다. 곧바로 올라가려 했지만, 45층 엘리베이터 버튼이 동작하지를 않는다. 이상하여 물어보았더니, 1동은 되지 않고 2동으로 가서 엘리베이터를 이용하라고 한다. 가까스로 2동에 있는 엘리베이터를 이용해서 45층 회전식당으로 올라갔다.

식당 전체가 회전한다고 해서 어떻게 돌아가는지 궁금해 한참을 살폈다. 식당 좌석에 앉아서 평양 시내를 서서히 돌아가며 볼 수 있었다. 평양역도 보이고 대동강에 있는 양각도를 볼 수 있었다. 오늘도 여느 때와 마찬가지로 점심 식사를 기다리게 되었다. 항상 식사를 하러 가면 많은 시간을 기다렸는데, 오늘도 여지가 없었다. 회전식당이 한 바퀴 돌아갔는데도 식사가 나오지 않더니, 4시쯤 되니 식사가 나왔다. 1층에서 요리를 해서 45층으로 이동시켰기 때문에 시간이 엄청 걸렸나 보다.

저녁에는 삼성이 주관하는 만찬을 한다고 한다. 전원이 참석하는 자리인 만큼 정장을 하란다. 6시 30분에 시작한다 하여 내려가니, 아직 다른 팀이 끝나지 않아 7시부터 한다고 한다. 또 기다리는 신세다.

7시쯤 되니 사장단이 자리를 했다. 많은 사람이 앉을 수 있도록 자리가 배석되어 있었다. 자리에 앉아 보니 멀리 입구 쪽에 지도원 선생이 보였다. 반가움에 손짓을 하여 내 앞자리로 불러 앉혔다. 그도 자리에 앉아 반가워하며 가기 전날 이렇게 만나 술을 한잔하게 되다니 참으로 다행이라 한다. 같이 건배도 했다.

만찬장의 깔끔한 요리

부사장 옆에 앉은 분은 장관급이라고 한다. 우리나라 기준으로 상공부 장관인 셈이다. 이런 자리에 앉아 있는 자체가 영광이었다. 한참 술을 주거니 받거니 마셨다. 술기운이 생기니 또 발동이 걸렸다. 옆자리에 있는 단장에게 출장자 모두가 합창으로 노래를 하겠다고 했다. 그랬더니 지금은 안 되고 기회를 보아 하자고 한다.

얼마쯤 지났을까, 노래를 해도 된다고 하면서 다 같이 노래하자고 한다. 일어서서 출장자들 전원이 합창으로 〈반갑습니다〉를 노래하였다. 모두가 같이 박수를 치면서 열창하였다. 묘향산에 갔다 오다가 차 안에서 배운 솜씨로 한다고 자랑했다. 그리고 수고한 지도원 선생들의 노래를 유도하였다. 매우 좋은 분위기 속에서 마지막 만찬을 즐길 수 있었다.

얼마큼 술을 마시고 호텔방으로 올라갔다. 한참 올라가다가 뒤로 크게 넘어졌다.

정결한 요리

엘리베이터 문이열리면서 뒤로 넘어진 것이다. 엘리베이터 문이 양쪽으로 열리는 것을 모르고 기대어 서 있다가 크게 넘어졌다.

비몽사몽 방으로 들어와 1층에서 저녁에 마시려고 사 둔 맥주를 마셨다. 화장실에 가 보았는데, 청소를 하지 않았다. 방은 정리되어 있는데 화장실은 아까 쓰고 나온 그대로였다. 기분이 나빴지만 말을 할 수가 없었다. 일찍 자고 일찍 일어나 가방을 싸려고 잠에 들었다.

22

평양에서 심천으로

•

일어나니 5시였다. 세면을 하고 나서 가방을 꾸리는데, 가방이 가득 찼다. 술병이 4개나 되었다. 북한 방문 후 떠나기 전날 북측에서는 선물로 꼭 술을 챙겨 준다고 하는데, 어제 저녁에 술 세 병을 선물로 받았던 것이다.

아침 식사를 마치고 출발 준비를 하였다. 승용차 두 대와 버스 두 대에 사람이 꽉 찼다. 출발 전 상공부 장관이 직접 버스에 올라 다시 만나자고 하면서 일일이 악수를 청했다. 보내는 사람들에게 일일이 인사하는 친절한 모습에 같은 민족이라는 느낌을 받고 기회가 되면 또다시 찾아와서 지원을 해주어야겠다는 다짐을 했었다.

버스가 출발하여 시내를 지나갔다. 어제 올라가 본 모란봉이 보였다. 천리마 동상이 있는 맞은편에 모란봉이 있었다. 어제 오후에 전부가 모란봉에 가기로 당초 계획이 되어 있었지만, 점심 식사 시간이 너무 늦어져 일부 인원만 약 30분간 구경을 했다. 모란봉, 을밀대,

대동강을 구경했는데, 공기가 너무 좋고 깨끗하고 보기에 아주 좋았다. 을밀대 밑에서 풍경화를 그리는 학생들의 수채화 솜씨는 보통이 아니었다.

30분 정도를 달려 공항에 도착하였다. 여권과 비행기 표, 비자쪽지를 넘겨받았다. 오는 날 호텔에서 체크인을 할 때 모두 지도원께 맡겨 두었던 것이었다. 공항에서 출국신고서를 작성하고 1층에서 티케팅을 하였다.

출국심사를 하는 2층으로 올라갔다. 에스컬레이터가 없어 계단을 이용해야 했기에 괜스레 가방이 더 무겁게 느껴진다. 2층에는 면세점이라고 진열대가 빙 둘러 있어, 한 바퀴 돌면서 구경을 했다. 그런데 마땅히 사고 싶은 게 없어 모두가 들어가자고 하여 수속하는 곳에 줄을 서게 되었다.

줄을 서서 잠시 생각해 보니, 집에 가져갈 평양 기념품이 부족하겠다는 생각에 아쉬운 마음이 들었다. 그래도 평양이라는 곳에 갔다 왔는데 빈손으로 가기에는 너무 이상하고 허전할 것 같다는 생각이 들었다. 어제 호텔 매점에서 조각 기념품 하나를 구입하긴 했지만, 언제 또다시 올지 모르는 출장이기에 한 개의 기념품으로는 부족하겠다는 생각이 들었다. 가방을 맡기고 다시 매대로 가서 아까 보았던 금강산 풍경을 수놓은 수예품을 사려고 물어보니 35달러라고 한다. 두말 않고 얼른 사서 다시 들어왔다.

짐 검사를 하는데, 줄이 길게 늘어서 있었다. 출국 심사대 앞에까지 들어온 지도원과 작별의 악수를 했다. 다른 지도원은 심사대에 들어오기 전에 악수를 하고 작별 인사를 했었다. 다시 만나자는 인사를 했는데 아쉬웠다. 언제 또다시 올 수 있을는지……. 신고대는 입국 신고대와 비슷했지만 조금 낮았다. 줄 서 있는 사람이 많아 한 사람이 더 나와 양쪽으로 통과했다. 별다른 이야기 없이 그냥 바로 통과되었다.

그런데 비자쪽지는 심사대에서 회수해 갔다. 여권을 아무리 쳐다보아도 북한에 갔다 왔다는 증명이 되는 것이라고는 아무것도 없었다. 별도의 비자쪽지를 발행하고, 사용 후 출국할 때 다시 회수하는 것이었다. 북한 VISA는 사진을 붙인 신청서와 VISA증에 붙일 수 있는 사진이 필요하다. 그래서 북한 방문 신청할 때에는 두 장의 사진이 필요하다.

베이징행 고려항공

다시 가방을 들고 계단을 내려와 셔틀버스에 올랐다. 버스 출입문 앞에 있는 안내원들이 추워서 벌벌 떨고 서있었다. 버스를 타고 비행기 앞에 내려 트랩 위로 올라갔다. 비행기는 올 때와 같은 유형의 비행기인데, 동일한 비행기는 아니었다. 입국 때와 같이 오늘도 특별기를 타고 가는 것이었다.

비행기 안에는 중국 군인들이 많이 타 있었다. 키가 나보다 더 큰 군인들이었다. 내 키가 185㎝인데, 중국 군인들은 전부 190㎝ 정도는 되는 것 같아 보였다. 키가 큰 탓에 앞좌석에 무릎이 닿아 모두 비스듬히 앉아 고생을 하고 있었다. 전쟁 참여 행사 때문에 방북한 군인들인 것 같았다. 역시 북한이 중국과는 잘 지낸다는 사실을 금방 알 수 있었다.

셔틀버스에서 본 고려항공 비행기

북경공항에서 서울 가는 사람들과 헤어지고 한참을 기다리는 동안 공항 커피숍에서 차를 한잔하며 밀린 기행문을 썼다. 그리고 마침내 심천행 비행기를 탔다. 1시 50분에 정확하게 출발하였다.

조용한 비행기 안에서 주변을 신경 쓰지 않고 더 빨리 기행문을 계속해서 써 내려갔다. 지나가는 안내양들이 글을 쓰는 모습을 쳐다보고 간다. 노트에 속기하는 것을 보고 신기하다는 눈치였다. 나도 전혀 생각지 못했던 일이다. 내 주제에 무슨 기행문을 쓴다고 하면서도 밀린 것까지 다 써 간다.

기내방송으로 심천공항 도착 20분 전임을 알려온다. 이제 밀린 기행문도 모두 다 쓴 것 같다. 두꺼운 노트 한 권의 마지막장을 작성하고 있고 비행기도 도착 시간이 다되었으니, 아주 딱 맞게 끝난 것 같다.

호텔에 가서 컴퓨터로 정리해서 우리 아이들에게 보여 주고 자랑하고 싶다. 사랑하는 마누라에게는 북한 설명을 잘해 줄 수 있을 것 같다. 북한에 다시 출장 가려면 잘 생각해 보아야겠다.

2000. 10. 28.
심천행 비행기 안에서 정경훈

평양출장

1

양각도 골프 연습장에서

•

전화벨이 울린다. 캄캄한 한밤중에 웬 전화지?' 하고 시계를 쳐다보니 새벽 5시 30분을 가리키고 있었다. 지금 바로 1층 로비로 내려오라는 연락이었다. 방금 전화를 받았는데 세수도 안 하고 어떻게 바로 내려가느냐고 반문을 하니, 잠깐이면 되니까 그냥 내려오라고 한다. 간단한 내용이면 전화로 전달하라고 다시금 이야기를 하니, 모두가 모여야 된다고 빨리 내려와 달라고 부탁을 한다.

곤히 잠자고 있는 사람들을 새벽에 갑자기 깨워 집합을 시키다니……. 무언가 좋지 않은 일이 생긴 것 같은 예감에, 하는 수 없이 눈을 비비며 어정쩡한 차림으로 로비로 내려갔다. 모두가 잠을 자다가 내려와서 꿀꿀한 모습이었다. 전부 멀뚱멀뚱 무슨 일인가 하고 궁금증 가득한 표정들이었다.

인솔자가 하는 이야기가 “오늘은 회사로 출근을 할 수 없습니다.” 라고 한다. 그래서 금일 계획된 일을 메모해서 회사로 전달)해야 하니, 할 일과 지시할 내용을 적어서 내라고 한다. 이렇다 할 설명도 없고 다짜고짜로 회사에 갈 수 없다고 하니 황당하였다. 일을 하려고 어렵게 출장 온 사람들을 회사에 나오지 못하게 하고 호텔에 앉아서 지시만 하라고 할 바에는 왜 출장을 오게 하느냐며 따지는 이야기가 여기저기서 오고갔다. 새벽에 잠자는 사람을 깨워 놓고 터무니없는 이야기를 듣고 있자니 목소리 톤이 차츰 높아지려고 하였다. 그러자 큰소리 내 봐야 좋을 것 없으니 조용히 해 달라고 요청한다.

맞은편 로비 데스크에 지도원이 내려와 앉아 있었다. 도대체 회사를 나오지 말라는 이유가 뭐냐고 물어보자, 회사로 자동차가 갈 수가 없다는 것이 그 이유란다. 시내에 도로 포장공사를 하고 있어서 차가 갈 수가 없다는 것이었다.

아니, 공사를 한다고 차가 갈 수 없다니……. 이건 너무 터무니없이 말도 되지 않는 이야기가 아닌가? 도로 포장 공사하는 것과 차가 다니는 것이 대체 무슨 상관인지, 도무지 이해되지 않는 변명 같은 이야기만 늘어놓는다. 도로 포장을 하면서 차들이 정체되는 것은 흔히 볼 수 있으나, 시내도로에 차가 못 다닌다고 하니 참 어이가 없었다.

좌우지간 회사 출근을 하지 못하니, 오늘 할 일에 대해 적어 내라고 한다. 하는 수 없이 해야 할 일을 정리해서 건네주면서 사원들은 어떻게 출근하느냐고 물어보았더니, 사원들은 걸어서 출근을 한다고 한다. 그럼 우리도 회사 근처까지 차를 타고 가서 근처에 내려서 걸어가자고 제안하였다. 그러자 로비 데스크에서 우리가 하는 이야기를 듣고 있던 지도원이 하는 말이, 걸어서는 출근을 할 수 없다고 한마디 한다. 더 이상 이야기해 봐야 될 것 같지가 않았다.

각자 모두 호텔방으로 올라간 후, 아침 식사 시간이 되어서 다시 내려왔다. 아침밥을 먹으면서 오늘 할 일에 대해 이야기를 나누었다. 그랬더니 호텔 안에서 휴식을 취하라고 한다. 지하실에 있는 당구장과 볼링장 등에 가서 운동을 할 수 있다는 말도 덧붙인다. 그렇지만 운동도 한두 시간이지, 하루 종일 호텔 안에 처박혀 있어야 되냐고 다시금 불만을 토로하였다. 해서 호텔 밖 먼 곳에는 가지 말고 주차장 주변이나 호텔 뒤편의 대동강 강변은 괜찮다고 한다. 그러면 호텔 앞에 있는 골프 연습장에 가는 것은 괜찮은지 물어보았다.

그런데 어쩐 일인지 바로 답을 해 주지 않는다. 그러더니 서로 상의를 한 것인지, 한참 후에서야 골프를 해도 된다고 한다. 연습장에 가면 모든 것을 빌려 주니 그냥 가면 된다는 말도 덧붙였다. 호텔 바로 옆에 파3 연습장이 있었지만 출퇴근길에 쳐다보기만 하였을 뿐이었다.

골프하고 싶은 사람들을 모으니 다섯 명이나 되었다. 연습장으로 가서 맞는 신발을 대여하고 장갑과 골프공은 방문 기념이라고 하면서 하나씩 구입했다. 호텔 옆에 있는 골프 연습장이라 많은 사람들이 있을 줄 알았는데 아무도 없었다.

다섯 사람이라 2개조로 나누기가 애매하였다. "다섯 명 모두 1조로 해야 좋을 것 같은데……." 하고 걱정을 하면서 다섯 명이 한꺼번에 해도 되냐고 문의를 하니, "문제없습니다."라고 한다. 참 좋은 골프장이라고 인사를 했다.

그때 주차장으로 SUV 차량 한 대가 들어왔다. 한 사람이 골프장 안으로 골프백을 들고 들어오더니, 우리 지도원과 이야기를 나누었다. 골프 연습장에 오는 것을 보고 '일반인은 아니겠구나.'라고 생각하면서 1번 홀로 걸어갔다. 그러더니 잠시 후 지도원이 방금 도착한 사람과 우리들하고 같이 어울려 골프를 치는 건 어떠냐고 물어 왔다. 이에 우리들은 멀리서 손을 가로저으며 그냥 우리끼리 친다고 하였다. 해서 그 사람은 우리 다음으로 뒤에서 혼자 치면서 따라왔다.

양각도 파3골프장 라운딩

그린은 모두가 동그란 원으로 되어 잔디가 듬성듬성 있었다. 정중앙에 홀이 있어, 말로만 듣던 솥뚜껑 그린이었다. 실력으로 퍼팅을 하는 게 아니라 잔디를 지나고 흙을 지나고 다시 잔디를 지나가는 형태로 운에 맡기는 퍼팅이 이루어졌다. 그래도 골프로 재미있게 해야 한다고 시끌벅적하면서 골프를 쳤다. 일하러 출장을 와서 본의 아니게 평양에서 골프를 한다는 것이 보통 일은 아닌 듯했다.

그린 앞의 벙커는 일반 골프장과는 완전히 다른 모양이었다. 벙커라기보다는 예비군 훈련장의 방공호라고 하면 딱 맞을 것 같았다. 앞에서 친 동료가 벙커에 빠지고, 나도 벙커에 빠졌다. 벙커의 깊이가 가슴까지 파묻히는 깊이였다. 동료가 골프를 잘한다는 것을 알고 있었기에 벙커 탈출을 어떻게 하는지 유심히 보았다. 매우 어려울 것 같았는데, 가벼운 샷으로 쉽게 그린에 공을 올렸다.

'나도 동일하게 해야지!' 굳게 마음을 먹고 벙커 안으로 들어갔다. 골프하자고 이야기해 놓고 벙커에서 탈출도 못하면 개망신을 당할 것 같았다. 벙커가 너무 깊어 걱정을 하면서 동료가 한 자세로 폼을 잡고 아무 생각 없이 샷을 했다. 그런데 이게 어떻게 된 일인가? 벙커를 탈출한 볼이 돌돌 굴러가더니만 바로 홀컵으로 들어가는 것이었다.

"와! 정 선생이 제일 잘하는구먼!" 하는 큰소리가 들려 왔다. 지도원이 골프장 그물 바깥에서 우리들이 골프 치는 것을 구경하고 있었다. 연습장에서 처음으로 버디를 한 것이었다. 그것도 평양의 양각도 골프장에서 버디를 하다니! 아마도 두고두고 이야깃거리가 될 것 같았다.

우리 뒤에서 홀로 따라온 사람도 골프를 마쳤다. 앞에는 다섯 명이

나 되고 뒤에는 혼자 따라왔으니 기다리는데 짜증이 날 법도 했다. 토요일 오전에 혼자 골프 연습장에 와서 일반인은 아닐 것 같다고 생각을 하였는데, 북한 주재 베트남 대사라고 한다. 같이 골프를 했으면 베트남 대사하고 같이 골프를 하는 영광과 북한에 대한 많은 이야기를 들을 수 있었을 텐데 참 아쉬웠다. 그래서 조금이라도 양보하면 복이 온다고 하나 보다.

오전은 골프를 하며 보냈는데, 점심을 먹고 나니 오후에는 또 할 일이 없었다. 같이 골프 친 사람들에게 오후에 한 번 더 하자고 했는데, 아쉽게도 모두가 낮잠이나 자겠다고 한다. 낮잠을 자면 저녁잠을 설치기에 평소에는 낮에 잠을 자지 않는다. 호텔방 안에서 앉아 지내느니, 하는 수 없이 혼자 골프장으로 가서 오후 시간을 보냈다.

양각도 호텔에서 본 골프 연습장

월요일 출근길에 아스팔트 공사가 한창 진행 중이었다. 4차선 도로를 완전히 막아 놓고 가는 길 오는 길 한꺼번에 공사를 하고 있었다. 군인들이 빨간 깃발을 들고 차를 막는다. 조금만 더 가면 회사가 있는데 통과를 할 수 없다고 한다.

그러자 지도원 한 사람이 차에서 내려 통제하는 군인의 상관쯤 되어 보이는 사람에게 다가가서 무슨 이야기를 한다. 그랬더니 한참 후 통과하라고 손짓을 한다. 이제야 토요일에 출근을 하지 못한 것에 대해 조금 이해가 되었다.

도로통행을 완전히 차단하고 오가는 길 전체를 동시에 포장한다. 교통량이 적어서인지, 도로 포장공사를 하는 것과 교통문제는 별개로 보고 있는 듯했다. 공사가 우선인 것 같았다.

2

보통강 호텔에서 본 그림 자르기

이번 출장은 보통강 호텔에서 지낸다고 한다. 출발 전날 중국에서 알려 줄 때에는 분명 고려호텔이라고 하였는데, 평양 순안 공항에 도착하여 이동 중인 버스 안에서 호텔이 바뀌었다는 이야기를 들었다. 고려호텔에 외국 손님들이 많이 투숙하는 바람에 갑자기 변경되었다고 한다. 차 안에서 누구 하나 이렇다 할 대꾸도 한번 하지 못한 채 곧장 보통강 호텔로 향했다.

보통강 호텔 앞에서

호텔은 보통강 강변에 위치해 있었다. 이 호텔은 외국인들이 주로 이용하는데, 그중에서도 특히 일본 사람들이 많다고 한다. 그러다 보니 호텔의 TV에서도 외국 채널이 나온다고 한다. 하지만 호텔을 지은 지 오래되어 시설이 낡아 조금 불편하다고 한다. 세면대의 수도꼭지를 틀면 처음에는 녹물이 나오니, 물을 조금 틀어 놓고 녹물이 없어질 때까지 잠시 기다리라고 주의사항을 알려 준다.

호텔에서 점심 식사를 하고 호텔 내에 있는 기념품 매장을 구경하였다. 보통 기념품 매장에 가면 가장 많이 볼 수 있는 것이 그림이다. 이전 출장 때 을밀대 주변에서 많은 학생들이 수채화를 그리는 것을 보고 그림 실력이 정말 대단하다고 생각)했었다. 그림을 잘 그리는 사람이 많아서인지 매장에 가면 그림을 제일 많이 볼 수 있다.

나는 개인적으로 그림을 참 좋아한다. 초등학교 3학년 때부터 그림 그리기 대회에 출전을 하면서 미술 선생님으로부터 그림에 대한 별도의 지도를 받았다. 그래서인지 좋은 그림을 보면 한참 동안 상세히 쳐다보는 버릇을 가지고 있다.

매점의 진열대 위에는 큰 종이에 그린 그림이 아주 많이 쌓여 있었다. 너무 많아 자세히 보지는 못했지만, 아주 잘된 그림은 표고를 해서 벽에 걸어 두는 것 같았다. 많은 그림 중에 유독 매점 카운터 뒤에 걸려 있는 그림이 눈에 확 들어왔다. 액자에 표고를 하여 걸어 두었는데 그림이 매우 인상 깊었다. 금강산을 그린 수채화인데, 높은 산과 우거진 나무 그리고 계곡의 폭포 물이 떨어지고 물안개가 피어나는 그림이었다. '살아 있는 그림'이라고 표현을 해야 맞을 것 같다.

매점에 걸어 놓은 사람도 이 그림이 제일 좋았기에 중앙에 달아 놓은 것 같고, 내 눈에도 제일 좋은 그림으로 보였다. 다른 그림은 더 쳐다볼 것도 없이 가격이 얼마인지 물어보았다. 120불을 달라고 한다. 5일 출장비로 딸랑 250불을 가지고 왔는데, 그림 하나 사고 나면 다른 것은 아무것도 할 수 없을 것 같았다. 신용카드는 아예 사용할 수 없으니 그저 갑갑한 노릇이었다.

엘리베이터에서 내려와 호텔 로비로 가는 중간에 매장이 있었다. 그래서 나는 아침 시간에 내려와 그림을 쳐다보고 출근을 하고, 또 퇴근 시간에는 엘리베이터에 타기 전에 또 그림 구경을 하였다. 출장 기간 내내 아침저녁으로 그림을 구경하며 안타까워했었다. 다음 출장 기회가 주어지면 반드시 금강산 그림을 사야겠다고 마음을 먹었다.

또다시 출장 기회가 주어져 보통강 호텔에서 점심 식사를 할 기회가 있었다. 다시 금강산 그림을 보았다. 역시 물안개가 피어오르며 폭포의 물이 떨어지는 느낌이었다. 하지만 이번에도 구입을 하지 못했다. 얼마 되지 않는 출장비로 북한의 다른 선물을 사야 했기 때문이었다.

출장 후 한국의 우리 집으로 바로 들어가기에, 집에 가지고 갈 선물들을 먼저 구입해야 했다. 선물 중에는 약재가 상당 부분을 차지했다. 산삼, 장뇌삼, 웅담 등 고가의 선물이 있기에 이 중 한 가지라도 먼저 구입을 하면 다른 물건을 살 수가 없었다.

아무래도 그 그림은 나와의 인연이 아닌 듯했다. 1년 사이에 그림의 가격이 20불 낮아진 100불이라고 하지만, 여전히 그림을 살 돈이 부족했다.

항상 해외출장을 가면 귀국할 때는 선물에 대해서 신경이 쓰인다. 그래서 현지에서 구입하지 못하면 귀국하는 비행기 안에서 면세품 한두 가지를 꼭 구입해서 귀국하곤 한다. 출장 기간 동안 집에서 기다리는 사람도 생각해 주어야 하기 때문이다. 그래서 출장 선물은 버릇 아닌 버릇이 되었다. 조그마한 선물이지만 그 선물로 인해 할 이야기가 생기고 자랑도 하여 기분 좋은 분위기가 한참 동안 이어진다.

1년이 지나고 또 출장 갈 기회가 생겼는데, 이번에도 보통강 호텔이라고 한다. 반드시 이번 출장에는 꼭 그림을 사 와야겠다고 마음을 먹고 그림 값도 미리 별도로 준비를 하였다.

그리고 도착한 날, 가방을 끌고 맨 먼저 도착한 곳은 단연 매점 앞. 유리창 안으로 그림이 그대로 걸려 있는 것이 보였다. 다행히도 아직 팔리지 않은 것이다. 매점은 상시 문을 열지 않는다. 손님이 있는 점심시간과 저녁시간에만 문을 연다.

저녁 식사 전, 시간을 기다렸다가 매점으로 내려갔다. 액자까지 포함된 가격이냐고 물어보니, 포함해서 100불이라고 한다. 나는 남쪽에서 와서 액자를 들고 비행기를 탈 수가 없기에 액자는 필요 없다고 하니 "그래도 가격은 똑같습니다."라고 한다. 액자는 필요 없으니 그림만 빼내 달라고 하였는데 이게 웬일인가? 그림이 별도로 떨어져 있는 것이 아니라, 나무로 된 액자 위에 그림을 붙여 놓은 것이었다.

참으로 난감했다. 얼마나 오래 동안 공을 들이다가 사러 온 그림인데, 그림을 가져갈 방법이 없다니……. 잠시 고민을 하다가 그림을 자를 수 있는 칼이 있는지 물어보았다. 칼이 있다고 하여, 그러면 그림을 잘라 달라고 했다. 점원이 하는 이야기가 미국 돈 백 딸라(100달러)나 되는 물건인데 자르다가 잘못되면 책임질 수 없어 하지 못하겠다고 한다.

어떻게 하든 가져가야겠다는 생각으로 칼을 달라고 하였다. 그림의 테두리를 먼저 자르고, 천천히 아주 조심스럽게 그림을 분리해 갔다. 찢어지면 쓸모가 없기에 정성들인 작업이 진행되었다. 요행이 찢어짐 없이 그림을 완전히 떼어 내었다. 그림을 담을 통이 없어 돌돌 말아 포장지로 감싸고, 평양에서 집에 올 때까지 손에 쥐고 어렵게 가지고 왔다.

금강산 그림

유리가 있는 큰 액자로 표고를 하여 거실 입구에 걸어 놓았다.

그리고 우리 집에 처음 오는 손님들에게 항상 자랑을 한다. 금강산 폭포물이 떨어지고, 물안개가 퍼지는 살아 있는 금강산 이다.

남북관계가 하루 빨리 개선되어 중단된 금강산 관광이 재개된다면, 집사람과 꼭 금강산 폭포 구경을 가고 싶다.

3

반갑습니다

•

북한의 큰 식당에서는 저녁 식사를 하고 당일 영업을 마감할 무렵, 식당에서 일을 하고 있던 접대원들이 무대로 나가서 노래를 한다. 항상 고운 한복 차림에 앞치마를 두르고 식사 접대를 하다가 앞치마를 걷어치우고 무대로 올라가 노래를 부르는 것이다. 접대원들의 노래 실력은 보통이 아니다. 신이 나는 노래에 흥이 돋아나면 손님을 무대로 불러 같이 어울려 노래를 한다. 모든 식당이 그런지는 모르겠으나, 우리가 저녁 식사를 하러 간 곳은 대부분 노래를 할 수 있는 시설이 완비되어 있었다.

북경에도 노래하는 식당이 있다는 이야기를 듣고서 우리 가족들과 만리장성을 여행할 때에 북한 분위기를 소개하면서 한 번 가 보았다. 아주 큰 식당에서 식사를 하고 나서 접대원들이 큰 무대로 나가서 돌아가며 노래를 하는 것을 보았다. 노래를 참 잘한다. 접대원이 되고자 하면 기본 업무도 잘해야 하겠지만, 우선적으로 노래를 잘해야겠다는 생각이 든다.

평양식당에서 부르는 노래라고 해 봐야 우리가 알고 같이 부를 수 있는 노래가 불과 몇 곡에 지나지 않는다. 평양 시내의 여러 군데 식당을 다녀 보았지만, 호텔에 있는 접대원이 노래를 제일 잘하는 것 같았다.

몇 번의 출장으로 인해 이제는 단골손님처럼 아주 반갑게 맞이해 주었다. 항상 〈반갑습니다〉 노래를 먼저 불러 주는데, 시원시원하고 허스키한 목소리가 아주 매력적이다. 또한 노래하는 포즈가 기성가수를 능가하는 맵시를 가지고 있었다. 우리나라에서 발행되는 월간 북한전문 잡지책인『좋은 벗들』의 겉표지에 얼굴이 나왔다. 잡지책을 보고 깜짝 놀랐다. 어떻게 표지 모델로 나왔는지, 언제 누가 찍었는지 궁금하기도 했다.

반갑습니다

나는 생산 공장 현장 지도 업무로 인하여 평양 출장을 여러 번 갔지만, 대부분의 출장자들은 평양 출장이 처음이다. 가고 싶다고 해서 마음대로 갈 수 있는 곳이 아니기에 개인적으로는 남들이 갖지 못하는 아주 소중한 자산이 되었다.

북한 출장 전, 경협 사무국에서 전체적으로 준비물과 평양에 가서 꼭 지켜야 할 사항에 대해 매번 교육을 한다. 그러다 보니 먼저 평양을 방문했던 사람이 경험담을 전하게 된다. 북한 출장 시에 생긴 에피소드를 이야기해 주고 궁금해 하는 것에 대해 미리 알려 주게 되어 자랑 아닌 자랑을 하게 된다.

우리나라 성인 남자 두 사람 이상 모이는 술자리에서는 반드시 군대 이야기를 한다고 하지만, 평양 출장을 가 본 두 사람 이상이 모이면 평양 이야기로 시간 가는 줄을 모른다.

특별요리 가물치 회

처음 가는 사람들이 하는 많은 질문 중에 하나가 잠자는 것과 먹는 것에 대한 질문이다. 그러다 보니 고려호텔에 대한 소개를 하고 호텔 내 식당을 이야기하면서 접대원의 노래 실력에 대해 자랑 아닌 자랑을 하게 된다.

이번 출장에는 오래간만에 고려호텔에서 식사를 하게 되었다. 식당으로 들어가니 모처럼 만났다고 접대원들이 반갑게 인사를 한다. 그동안 잘 지내고 있었는지 어째 더 젊어졌다는 등 살가운 인사도 빠지지 않는다.

식사 주문은 처음 평양을 방문한 사람에게 직접 선택을 해 보라고 한다. 북한의 메뉴판을 처음 보기에 한참 동안 쳐다보고 주문을 한다. 하지만 먹어 온 습관이 비슷비슷하기에 자주 출장 온 사람들과 매번 똑같은 음식을 주문하게 된다.

처음 출장 온 사람들은 처음 접하는 북한 음식과 북한 술로 환영 인사와 건배를 하다가 빠르게 취기가 오르게 된다. 식사를 마치고 테이블 위를 정리하고서 맥주를 마시면서 이야기를 나눈다. 같은 장소에서 2차 노래방 분위기로 바뀌게 되면, 마이크를 들고 접대원이 노래를 부르기 시작한다.

〈반갑습니다〉 노래를 매번 출장 때마다 똑같이 듣는데도 이상하리만큼 싫증나지 않고 좋았다. 시원시원한 노래를 듣고 모두가 잘한다며 박수갈채를 보낸다. 내가 노래를 잘한다고 이야기했던 것을 진실로 느끼는 분위기였다. 처음 출장 온 동료가 노래를 너무너무 잘한다고 박수를 치더니만, 가지고 있던 맥주병을 생일날 축하 샴페인처럼 흔들어 대고 있었다.

잠시 후, 맥주에서 샴페인처럼 거품이 쏟아져 나왔다. 터진 맥주 물줄기가 선반에 얹어 놓은 TV로 향했다. 그 순간, TV화면이 깜깜해졌다. 화면이 깜깜해져 더 이상 노래를 할 수가 없었다. 회로기판 안으로 맥주가 흘러 들어간 모양이었다. 화면이 나오지 않으니 노래는 중단되었고, 지배인이 나타나서 TV가 고장 났다며 걱정을 한다.

결국 고장 난 TV 값을 물어 주게 되었다. 노래를 너무 멋들어지게 하는 바람에 TV를 고장 나게 만든 것이다. 고장 난 TV는 A/S하면 될 것 같은데, 그리하지도 못하고 새로 구입하는 금액으로 변상해 주게 되었다.

나도 북한 출장을 진행하기 전에 미리 노래방에서 불러 본 노래가 〈반갑습니다〉였다. 부르기가 쉬운 데다 약간 빠른 노래로 분위기를 한층 뜨겁게 달굴 수 있어, 회식을 할 때나 한국에서 중국으로 온 손님이 있으면 가끔 노래하곤 한다.

처음 출장 오는 사람들에게 〈반갑습니다〉 노래를 출장 가기 전에 연습해 오라고 미리 알려 준다. 출장 기간 중 부를 노래가 몇 곡 되지 않으니 한 곡이나마 연습해서 같이 부르자고 했다. 노래를 할 때 멀뚱히 가만히 있으면 실례가 되니, 흥얼거리기라도 하려면 연습하라는 말도 덧붙였다.

이렇게 출장 중 애창곡이 되다 보니 선곡 번호 및 가수 이름까지 훤히 외우게 되었다.

동포 여러분 형제 여러분 이렇게 만나니 반갑습니다
얼싸안고 좋아 웃음이요 절싸 안고 좋아 눈물일세
어어허 어허허허허 닐리리야
반갑습니다 반갑습니다
반갑습니다 반갑습니다
동포 여러분 형제 여러분 정다운 그 손목 잡아 봅시다
조국 위한 마음 뜨거우니 통일잔치 날도 멀지 않네
어어허 어허허허허 닐리리야
반갑습니다 반갑습니다
반갑습니다 반갑습니다

동포 여러분 형제 여러분 애국의 더운피 합쳐갑시다
해와 별이 좋아 행복이요 내 조국이 좋아 기쁨일세
어어허 어허허허허 닐리리야
반갑습니다 반갑습니다
반갑습니다 반갑습니다
반갑습니다 반갑습니다
반갑습니다 반갑습니다

4

공장 벽을 설치해 달라고?

중국 공장에서 제품 생산에 대한 교육을 하는 중간중간에 자기네끼리 쉬는 시간에 모여서 무언가 신중히 논의하는 모습을 보았다. 무엇을 가지고 진지하게 이야기하는지 바로 물어보려다가, 시간이 조금 지난 다음 무슨 내용인지 물어보게 되었다.

교육을 마치고 평양으로 되돌아가면 제품 생산할 라인을 설치해야 하는데, 어떻게 할 것인지에 대해 많은 걱정을 하고 있었던 모양이다. 어디에 설치를 해야 할지에 대해서 뾰쪽한 안이 없다는 생각에 조바심이 나, 교육을 받고 있는 중간중간에 시간이 날 때마다 서로 논의를 하고 있었던 것이었다. 아무래도 귀국해서 곧바로 해야 할 일이기에 더 많은 신경을 쓴 것 같았다.

내가 생산라인을 설치해 주는 전문가라고 말하며, 나하고 미리 상의를 하였으면 좋았을 텐데 그렇게 어렵게 고민들을 했느냐고 이야기했다. 나를 쳐다보는 얼굴들이 환해졌다.

우선 평양에서 출장 나올 때 공장 도면을 가지고 왔는지 문의하였다. 그런데 안타깝게도 도면을 준비하지 못했다고 한다. 고민을 하다가 개개인이 알고 있는 공장 규모를 서로 이야기해서 공장 레이아웃을 그려 보자고 하였다. 여러 사람의 이야기를 종합하여 공장의 크기가 어느 정도 되는지 가늠할 수 있었다. 공장 도면을 작성하고 빈 공장 공간에 필요한 라인을 편성하고 전체 레이아웃을 작성해서 법인장께 보고를 하여 검증을 받은 최종 레이아웃을 구성해 주었다.

건물만 있는 공장의 빈 공간에 생산라인과 설비를 제작해서 평양공장으로 보내어 설치를 해 주어야 했다. 당초 시작할 때는 단순 제품 생산에 대한 교육만 하는 것으로 시작하던 것이, 차츰 생산에 대한 전반적인 모든 일에 참여하게 되었다. 그러다 보니 생산설비를 만드는 업체로 출장까지 가서 직접 설비를 점검하게 되었다. 설비 제작이 마무리 되면 검수와 포장 상태까지 일일이 챙겨 주어야 했다. 중국에서 설비를 제작하여 보내 주어야 했기에 더더욱 신경을 쓰지 않을 수 없었다.

교육이 끝나고 북한 사람들은 평양으로 돌아갔다. 그리고 중국에서 제작한 생산설비는 홍콩에서 출발하여 인천항을 거쳐 북한 남포항으로 보내졌다. 이제 북한으로 보낸 생산설비를 공장에 설치해 주기 위해 전문팀을 구성하고 법인장이 직접 평양으로 출장을 진행하였다. 모든 조건이 열악하다고 했는데, 보내 준 설비가 잘 돌아가는지 자못 걱정이 되었다.

얼마간 시간이 지나 평양으로 출장 간 사람들이 돌아왔다. 평양을 다녀온 사람들이 나를 보고 한결같이 하는 이야기가 있었다. 생산 현장과 자재 창고가 분리되도록 중간에 벽 공사를 해 주어야 한다는 것이었다. 공장 형태가 소형 전자제품을 만드는 구조가 아니라 천장이 아주 높다고 하며, 대형 물품을 만들다가 한참 동안 비워 둔 공장이라고 한다.

출장 갔다 온 사람들이 모두 똑같이 공장 벽 공사에 대한 이야기를 하는 것을 보니, 아마도 귀국해서 나를 만나면 꼭 이야기해 달라고 출장 기간 동안 많은 부탁을 받은 것 같았다. 공장에 별도로 난방시설이 갖추어져 있지 않기에 겨울에는 추워서 일을 하기 매우 힘들므로 현장에서 발생하는 자체 열이라도 밖으로 나가지 않게 공장 중간에 벽을 반드시 설치해 달라는 것이었다. 기판 자동납땜 설비에서 많은 열이 발생하는 것을 알고, 그 열로 생산 현장의 실내 온도를 유지해야 된다는 웃지 못할 이야기를 하고 있다.

생산을 할 수 있도록 방법에 대해 교육을 해 주었고 필요한 설비를 제작해서 보내 주고 출장까지 가서 설치해 준 것이다. 그런데 공장 벽까지 공사를 해 달라고 하는 것은 문제가 있다는 판단이 섰다. 이렇게 요청하는 모든 것을 다 해 주다 보면 끝이 없을 것 같았다.

법인장께 보고를 해 봐야 분명 손톱도 들어가지 않을 사안이었다. 절대로 합당한 사유가 없는 낭비는 용납을 하지 않는다. 그래서 이것은 아니라는 생각에 다른 방안을 고민하였다.

일단 법인에서는 필요한 설비를 제작 설치하는 것은 지원해 주었지만 공장 내부에 벽을 쌓는 것은 건축 공사이기에 해 줄 수 없다고 우선 평양 공장으로 통보를 하라고 하였다.

평양으로 통보하는 메일은 중국법인에서 서울 본사로 보내게 되는데, 서울에서는 다시 북경사무소로 보내게 된다. 북경에서는 메일 내용을 프린트하여 평양회사로 팩스를 보낸다. 회사에서는 확인한 다음, 프린트해서 생산공장으로 전달한다. 이런 과정을 거쳐 공장으로 전달된 팩스는 잘 보이지가 않는다. 해서 시작하는 메일부터 일반 메일보다 큰 글씨에 굵은체로 문서를 작성해야 한다.

벽 공사 불가 메일을 보내 놓고 난 후, 추운 겨울에 난방 온풍기 하나 없는 공장에서 생산을 한다고 생각하니 암담했다. 밤잠을 설치며 이것저것 많은 고민을 해 보았지만 시멘트 벽돌로 벽을 설치하는 방법 외에는 별다른 대안이 없는 것 같았다. 하지만 공사를 해야 하고, 많은 돈이 들어가는 일이다.

아침에 출근해서 자리에 앉아 고민을 하다가 평양으로 보낼 원자재 포장 라인으로 가 보았다. 평양에서 생산할 제품의 원부자재 100%를 모두 중국에서 챙겨서 보내 준다. 제품 포장 박스부터 포장용 테이프까지 보내 주어야 했다. 이러다 보니 제품 포장 박스를 다시 담는 순수운반 전용박스가 새로이 생겨났다. 전용박스는 평양공장까지만 운반을 하고 나면 폐기를 하게 되어 있다.

문득 박스를 쳐다보다가 반짝 좋은 생각이 떠올랐다. 이전 한국의 생산 공장에서 공 박스를 높게 쌓아 연말 송연회 무대를 직접 만들어 본 적이 있었다. 운반용 박스로, 재질이 아주 단단했다. 자리로 돌아와 즉시 평양으로 보내는 메일을 작성하였다. 운반용 종이 박스가 단단하니 폐기하지 말고 빈 박스를 접어서 벽돌처럼 쌓으라고 하였다. 박스로 칸막이를 설치하는 데 필요한 테이프는 추가로 많이 보내 줄 테니 우선 포장용으로 보내 준 테이프를 이용하여 벽을 만들라고 요청하였다.

그리고 "돈을 들이고 하는 개선은 개선이 아니다."라고 적었다. 중국에 와서 교육을 받을 때 "돈을 들이고 개선하는 것은 누구나 아무나 할 수 있는 것이다. 돈 들여서 하는 활동은 개선이 아니다."라고 강조하면서 생산 현장의 많은 경험담을 토대로 정신교육을 시켰었기 때문이다. 그리고는 아무런 회신이 없었다.

평양 공장에서 생산된 제품은 남포항을 출발해서 인천으로 통관이 되어 전부 우리나라 국내시장에만 판매하게 되어 있었다. 그러다 보니 한국 본사에서 재차 품질검사를 하게 되었는데, 품질에 문제가 없다고 한다. 계속되는 품질 검사에서도 문제가 없어 북한에서 생산한 제품은 까다로운 무검사 기준에 합격되었다. 교육할 때부터 평양공장 품질에 대해 100% 보장한다고 자신을 하였다.

시간이 지나고 평양공장으로 첫 출장을 가게 되었다. 무엇보다 추운 겨울에는 어떻게 운영하였는지가 제일 궁금하였다. 오후 시간에 평양공장 현장을 방문하게 되었다. 현장 입구로 들어섰는데, 앞이 잘 보이지 않을 정도로 캄캄했다. '확실히 전기가 부족하구나!' 하는 느낌을 받았다. 생산 라인이 있는 현장 문을 열고 나니 컨베이어에 달려 있는 형광등 빛이 비치면서 현장이 보였다. 아주 높은 천장에는 조그마한 백열등 하나만 달려 있어 전체가 캄캄했다. 큰 설비를 생산하던 공장에서 소형 라디오 카세트 라인을 편성하니 이런 문제가 생긴 것이다.

하지만 팩스로 요청한 대로 공장 중앙에는 벽이 설치되어 있었다. 내가 알려 준 대로 운반용 박스를 벽돌처럼 만들고 그것으로 벽을 설치한 것이었다. 높이가 10미터 가까운 벽을 설치하기가 무척이나 힘들었을 텐데, 이야기한 대로 포장용 테이프를 사용해서 종이 벽을 설치한 것이었다.

공박스를 이용하여 벽을 만든 현장모습

시멘트 벽돌을 쌓아 놓은 것처럼 똑바른 박스 벽을 쳐다보니, 마음 한구석에 뭉클하면서 미안하고 감사한 마음이 몽글몽글 피어올랐다. 설치를 주도했던 관리자에게 악수를 청하면서 고생했다고 인사를 했다. 선생님이 지시한 대로 했다는 그 말 한마디가 정말 고마웠다.

높은 벽 꼭대기에 중간중간에 비어 있는 공간을 보고 왜 저렇게 비워 두었는지 물어보았다. 처음에는 바람 한 점 통하지 못하게 완전히 막았다고 한다. 그러다 보니 현장은 사람과 설비의 열로 온도가 올라가 공기가 팽창해서 온도가 낮은 창고 쪽으로 벽이 기울어졌다고 한다. 해서 꼭대기 쪽은 팽창된 공기가 빠져나가도록 구멍을 내어 벽이 넘어지는 것을 방지할 수 있었다고 한다.

"실천이야말로 진실을 검증하는 유일한 수단이다."라는 명언을 다시금 되새겨 보게 되었다. 사원들의 추위 방지를 위해 힘써 준 관리자에게 다시금 악수를 청하면서 고생했다며 격려하고 칭찬해 주었다.

공박스를 이용하여 벽을 만든 현장모습

축 10월5일자동화기구공장RCD생산 하
RCD-Y65M
RCD-Y65M
RCD-Y45
RCD-Y45
RCD-Y45

RCD 생산기념

5

한 줄 쭉 냅시다

이번 출장은 가까운 동료와 함께 가게 되었다. 항상 빠른 결정의 업무 스타일을 가지고 맛깔스런 음식과 술을 무척이나 좋아한 그였다.

평양 출장을 단 한 번이라도 경험한 사람은 북한에서의 행동요령에 대해 아주 잘 알고 있다. 현지에서 직접 부딪혀 매우 인상적으로 느꼈기에 확실히 각인이 되는 것 같았다.

북한 출장 중에는 무엇보다도 참고 기다리는 것을 잘해야 한다. 한국에서의 빠른 업무 처리가 몸에 밴 탓에 이해하지 못하는 일이 많이 발생한다. 매사 협의하여 시행하는 방식과 또 늦어지는 결정에 익숙하지 못해 처음 오는 출장자는 마냥 기다림의 연속 가운데 짜증나는 출장이 되고 만다.

아침에 회사로 출근을 할 때에는 호텔에서 모두 같이 중형버스로 이동을 한다. 가까운 카세트 생산 공장에 먼저 내려 주고 그다음 먼 곳에 있는 텔레비전 공장으로 가게 된다. 퇴근 시간에는 카세트 생산 공장에서 우리를 태우고 텔레비전 공장으로 간다. 그러다 보니 출근길과 퇴근길이 다르다. 아침 출근길은 많은 공장이 있는 길로 가지만, 퇴근길은 시내를 돌아와서 시내 구경을 할 수가 있다. 항상 똑같은 건물이고 도로이지만, 처음 출장자들에게는 모든 것이 궁금하고 신기하기만 하다.

그중 하나가 '남새'라는 간판을 보면 무엇이냐고 꼭 물어본다. 북한에서는 '채소'를 '남새'라고 부르고 있다. 식당 간판도 여러 군데 보이지만, 유독 호텔 앞 사거리에 있는 식당 이름이 '불타는 조개구이'라고 독특한 간판이 있었다. 매번 출장 때마다 보아 왔지만 단 한 번도 가 보지를 못했다. 지난번 몇 차례에 걸쳐 가 보자고 이야기를 했는데도 아무런 대꾸를 하지 않아 더 이상 묻지도 않았다.

그런데 마침 이번에 같이 출장 간 동료가 조개구이를 좋아해서인지 다른 식당 간판은 보고도 아무런 이야기를 하지 않다가, 불타는 조개구이 간판을 보고는 저녁에 한번 가 보자고 한다. 나도 "조개구이를 엄청 좋아하는데, 지난번 가자고 해도 안 되더라."고 말하니, 그러면 다 같이 가지 말고 우리 두 사람만 살짝 가자고 한다. 하지만 우리끼리 가고 싶다고 해서 마음대로 갈 수가 없으니 그냥 넘어가자고 했다. 항상 대표단 전체가 같이 움직여야 되고 개별 행동은 안 된다는 설명도 덧붙였다.

그런데 그렇게 이야기를 해 주었는데도 막무가내로 저녁에 가 보자고 한다. 저녁에는 호텔 밖으로 나갈 수 없으니, 따지지 말고 그저 호텔에 가만히 있으라고 일러 주었다. 그래도 또다시 나가야 된다고 억지를 부린다. 저녁 식사를 마치고 호텔로 올라갔다.

특별한 음식의 별미와 술을 좋아하는 사람이 저녁 식사 때 한 잔 마신 술로는 왠지 부족할 것 같았다. 아니나 다를까, 한 잔 더하자고 방으로 전화가 왔다. 예상을 하고 있었기에 바로 1층 로비로 내려오라고 하였다. 그런데 로비에서 만나자마자 첫마디가 단 둘이서 불타는 조개구이 식당으로 가자고 한다. 몇 번 이야기했지만, 여기서는 한 번 안 된다고 하는 것은 아무리 억지를 부려 보아도 안 되니 괜히 속 끓이지 말고 호텔 안에서 그냥 간단히 한잔하자고 구슬렸다. 호텔 내 식당은 일찍 문을 닫았으니, 칵테일 바에나 가서 한잔하자고 했다.

우리 둘은 칵테일 바로 향했다. 손님은 한 사람도 없고 칵테일을 만들어 주는 남자 바텐더와 여자 접대원, 이 두 사람이 전부였다. 접대원은 뒤에서 우두커니 쳐다보기만 하고 있어서 느낌에 주어진 시간이 되면 빨리 퇴근을 할 사람으로 보였다.

"반갑습니다. 멀리서 오신다고 고생이 많으셨습니다." 하는 반가운 인사에 "아니, 우리가 남쪽에서 온 것을 어떻게 알았나요?" 하고 물어보니, 여기서 근무한 지 오래되어 어디서 오신 손님인지 얼굴을 보면 바로 안다고 한다. 칵테일을 하는 곳 이니 우선 한 잔 만들어 달라고 했다. 여러 가지 소개를 하는데 제일 괜찮은 것으로 잘하는 칵테일로 한 잔 달라고 하였다.

잠시 후, 붉은색과 오렌지색이 섞인 칵테일이 나오더니 칵테일에 대한 설명이 이어진다. 붉은색과 오렌지색으로 바다의 일출을 표현한 것이라면서 일출을 생각하시면서 마시면 좋은 추억이 될 것이라고 한다. 나중에 알았는데, 마신 칵테일이 '데킬라 선라이즈'다. 평상시 양주는 좋아하지 않고 칵테일 바에는 가 보지도 않았기에 마셔 볼 기회도 없었는데 난생 처음으로 한 잔 마셔 보았다.

칵테일을 한잔하였지만 뭔가 성이 차지 않은 눈치였다. 그래서 맥주나 한잔하자고 하면서 세 병만 마시겠다고 하고 마른안주를 주문했다. 맥주에 딱 좋은 '탈피'라는 안주가 있었다. 평양에서 맥주 안주로 맛있게 먹었었다.

마른 명태 살이다. 마른 명태를 두드려서 속에 든 뼈를 발라내고 껍질을 벗겨 명태 살만 포슬포슬 하게해서 먹기 좋은 크기로 썰어 놓은 것이다. 그러다 보니 간장에 살짝 올려놓으면 스펀지가 물을 빨아 먹듯이 간장이 빠르게 탈피를 적신다. 입맛에 맞게 간장에 찍어 먹기에 맥주 안주로서 매우 좋았다. 처음 출장 와서 먹어 보고 괜찮아서 귀국할 때 호텔 매점에서 사 가지고 갔었다.

둘이 앉아 금방 맥주 두 병을 비우는 것을 보고 바텐더가 한마디 한다. 이왕 모처럼 오셨으니 "그냥 한 줄 쭉 냅시다."라고 한다. 처음 들어 보는 소리에 귀를 쫑긋하면서 방금 한 말이 무슨 이야기인지 물어보았다. 알고 보니, 쇼케이스 안에 줄지어 넣어 놓은 맥주 한 줄을 모두 다 마시라는 것이었다. 줄 서 있는 병을 쳐다보니 엄청 많은 것 같아 보였다. "몇 병이나 됩니까?" 하고 물어보니, "10병입니다."라는 대답이 돌아왔다. "지금 마신 것이 2병인데 앞으로 8병을 더 마셔야 되는데, 이거 너무 많습니다."라고 이야기하자, 바텐더의 대답이 걸작이다.

“남쪽에서 오셨으면 이 정도는 마셔야지요. 한 사람이 5병 해치우는 것인데, 한번 해 보시지 않겠습니까?” 하면서 자꾸 부추긴다. 서로 눈을 마주치고는 “그리 합시다!” 하고 다시 맥주를 마셨다. 뒤에서 지켜보던 접대원은 뭐가 그리 우스운지 손으로 입을 가리고 키득대고 있다.

시간이 지나 11시가 되니, 여자 접대원은 퇴근을 한다. 하는 일도 없이 물끄러미 쳐다만 보고 있다가 시간이 되어 퇴근을 하는 것이었다. 계속해서 맥주를 마시며 이런저런 이야기를 하다가 불타는 조개구이 식당으로 화제가 옮겨 갔다. 호텔 바로 앞에 있는 식당인데 우리가 조개구이를 좋아해서 한번 가 보려고 했지만 가지를 못해 물어본다는 말도 덧붙였다. 그런데 식당을 운영하는지 안 하는지 잘 모르겠다고 한다. 잘 모르겠다는 이야기에, 청개구리처럼 조개구이가 더 먹고 싶어졌다.

남쪽에서 유행하고 있는 조개구이 이야기를 하였다. 번개탄에 석쇠를 올려놓고 구워 먹는 이야기를 하니까, 바텐더는 군 복무 할 때 조개구이를 해먹었던 이야기를 들려준다. 군 복무를 할 때 바다에서 잡아온 조개를 모래밭에서 즉석으로 구워 먹는다고 한다. 휘발유를 이용해서 조개구이를 한다고 한다. 기름 냄새가 날 텐데 그것을 어떻게 먹을 수 있느냐고 반문을 하니, 하나하나 설명을 해 준다.

가마니를 땅바닥에 펴 놓고 물을 흠뻑 적신 다음 바다에서 잡은 조개를 벌어지는 쪽이 밑으로 향하게 넘어지지 않게 촘촘히 세운다고 한다. 그런 다음 조개 위에 종이를 올려 불을 붙이고 휘발유를 뿌려 불을 번지게 하여 익을 때까지 희발유를 골고루 뿌린다고 한다. 냄새가 나서 먹지 못할 것 같다고 했지만, 직접한번 해 보라고 한다. 냄새는 나지 않고 소주 한잔하면서 먹으면 된다고 한다. 휘발성이 강해 금방 타버리기에 기름 냄새가 안 난다고 한다.

조개구이 준비

남쪽에서 오신 분이라 한 줄 쭉 내라는 꼬드김에 화장실을 오가며 모처럼 맥주를 많이 마셨다. 아무튼 기발한 방법이다. 조개 구워 먹었던 군대 시절 이야기 들어가며 한줄 쭈욱 냈다.

6

평양 막걸리

평양에 처음 출장 간 날 환영 만찬에서 북한 송악 찹쌀곡주(소주)를 마시고 속이 따가워 한참이나 진통을 겪은 적이 있다. 호텔 냉장고의 큰 생수를 모두 마시고 나서 겨우 속을 다스렸다. 검은 쌀로 빚은 아주 좋다고 하는 술인데, 나에게는 다시 마시기 싫은 엄청 독한 술이었다.

그렇게 한번 속 쓰린 경험으로 된통 당하자, 평양에서 북한식 곡주는 별로 마시고 싶은 생각이 없었다. 높은 도수의 백주를 즐기는 중국하고 가까워서인지, 아니면 날씨가 추워서인지 보통 마시는 술이 우리가 마시는 술보다 도수가 높았다.

지난 출장 때 몸 상태도 좋지 않고 계속해서 독한 술을 마시기 싫어서 은연중에 내가 좋아하는 막걸리에 대해서 이야기를 하였다. 속이 좋지 않다는 이야기를 하기는 싫고, 막걸리를 마시면 유산균이 있어서 대장이 편해서 문제가 없다고 했다. 하지만 찬 맥주나 소주를 마셔 배탈이 나서 설사로 고생을 한다고 하였다.

사실이지, 장이 좋지 않아 맥주를 마시고 독한 술을 마시면 다음 날 업무에 지장이 생긴다. 저녁 식사 시간에 술은 사양하고 또 평양에도 막걸리가 있는지 궁금하기도 하고 마시고도 싶어서 이야기를 꺼낸 것이었다. 그런데 당연히 막걸리가 있다면서 버스를 타고 나가서 사 가지고 오라고 말한다.

한참 후, 막걸리를 가지고 왔다. 비닐봉지 안에 몇 병의 각기 다른 막걸리가 들어 있었다. 평소 막걸리를 마시지도 않던 사람들이 처음 보는 평양 막걸리라 하니 너도 나도 한 잔씩 한다. 그러다 보니 정작 마시고 싶었던 평양 막걸리였는데, 입맛만 버리고 말았다.

아무튼 그일 이후 또다시 출장을 갔었다. 첫날, 공장 현장을 돌아보고 현장 사무실에서 현장 운영 상태에 대해 지적할 시간이 되었다.

자리에 앉자마자 지도원 선생이 느닷없이 선생님한테 줄 막걸리를 가져오라고 한다. 지도원 선생의 이야기가 "장이 좋지 않아 고생한다는 이야기를 듣고 이번 출장 때 드시라고 직장장이 막걸리를 담아 왔습니다."라고 한다. 테이블 밑에서 병을 하나 꺼내면서 선생님께 드릴 막걸리를 미리 준비해 놓았다고 이야기하는 것이었다.

깜짝 놀랐다. 평양 가정집에서 우리들이 이야기하는 밀주 막걸리를 담았다고 하니, 고맙기에 앞서 미안하고 염치가 없었다. 중국에서 교육할 때에 "선생님의 그림자는 밟지도 않는다." 하는 이야기를 듣고 선생님에 대한 각별한 예우를 갖춘다고 생각은 했지만 너무나 큰 선물을 받았다.

평소 마시던 막걸리병과 비슷한 크기의 페트병으로, 흔히 있는 연녹색이 아니라 하늘색 병이었다. 막걸리는 병뚜껑을 따기 전에 안에 가라앉은 앙금이 풀릴 때까지 흔들어서 마시는데, 가져온 막걸리는 앙금이 별로 보이지 않는다. 마치 맑은 식혜를 페트병에 담아 놓은 것 같았다.

어쨌거나 집에서 담아 온 막걸리라 하니 참으로 대단하다는 생각을 했다. 모두가 "역시 선생님이라 대단하시구먼! 집에서 막걸리를 담아 대접을 하는 것을 보니……." 하고 한마디씩 했다. 참 영광이기도 하지만 좀 겸연쩍었다. 커피를 마시기 위해 준비해 간 종이컵에 한 잔 따라 마셨다. 멀건 막걸리다 보니 평소 내가 마시던 막걸리와는 완전 다른 맛이었다. 한 잔을 하고 뚜껑을 닫아 테이블 밑에다가 놓아두었다. 막걸리라면 그렇게 좋아하고 물불 가리지 않고 사정없이 마시던 사람이 한 잔만 하고 왜 그만하느냐는 눈치였다.

그리고 다음 날 아침, 출근을 해서 커피를 한잔하면서 테이블 밑 막걸리가 있는지 확인해 보았다. 세 병이 있었는데 모두 없어졌다. 어렵게 담근 막걸리였는데 보이지 않아 궁금해서 막걸리를 누가 가지고 갔느냐고 물어보았더니, 어제 한 잔만 하고 책상 밑에 두는 것을 보고 막걸리가 맛이 없어서 안 마시는 줄 알고 다른 곳에 보관해 두었다고 한다.

나에게 선물해 준 귀중한 막걸리이니 잘 보관해 두라고 지시했다. 오늘 퇴근할 때 호텔로 가지고 갈 것이라고 하면서 "내가 아무리 막걸리를 좋아한다고 해도 그렇지, 근무 중인 작업 시간에 선생인 내가 막걸리를 마시면 되겠느냐. 그래서 선물해 준 성의가 있어 감사의 인사로 딱 한 잔만 한 것"이라고 이야기를 하였다. 이야기한 사람이 좀 미안했던지 그런 뜻을 몰랐다고 한다.

집에서 담근 술을 마셔 보는 큰 영광인데 아무쪼록 잘 마시겠다고 다시금 감사의 인사를 하였다. 우리 쪽에서도 선생님한테 이렇게까지 신경을 쓰는 일이 있을까 생각해 본다. 윗사람을 공경하고 깍듯이 모시는 것은 오히려 내가 배워야 할 일이었다. 막걸리를 마시다가 평양 뉴스가 나오면, 연두색이 아닌 하늘색 병의 막걸리가 다시금 생각이 난다.

가르쳐 준 선생이 좋아한다고 집에서 직접 막걸리를 담아서 대접을 하고, 또 건강까지 챙겨 주는 인사는 상상 이상의 영광이고 대단함 그 자체였다.

현장 사무실

7

조개구이는 언제 먹나요

•

고려호텔 옆의 '불타는 조개구이' 음식점 간판이 보일 때마다 '언제쯤 조개구이를 한번 먹을 수 있을까?' 하면서 기대를 했었다. 나는 조개구이를 무척이나 좋아한다. 조개구이 요리는 담백한 맛과 더불어 여러 종류의 조개로 각각의 다른 맛을 느낄 수가 있어서 특히나 좋아한다.

비싼 가격도 아니고 빠른 시간 내에 요리가 되고 그리고 직접요리를 해먹을 수 있는 재미에 더더욱 조개구이를 좋아한다. 가족들과 여러 사람이 가면 한껏 어깨에 힘이 들어간다. 구운 조개가 뜨겁기에 아무나 만질 수가 없다. 조개가 구워지는 것을 바라보면서 내가 요리를 해 줄 때까지 기다리게 된다.

삼겹살을 식구들과 먹으러 가면, 인사로 가끔 상추에 고기를 넣고 쌈을 싸서 한두 번 건넨다. 모두가 쌈을 싸서 먹을 수 있기에 한두 번에 족한다. 하지만 조개구이는 어쩔 수 없이 시작부터 끝까지 요리를 해 주는 형태가 된다. 그래서 어르신을 모시고 조개구이를 먹으러 가면 반 요리사가 되어 때 아닌 감사의 인사를 듣곤 한다.

북한에는 조개구이를 군대에서 휘발유로 구워 먹는다는 이야기를 들었지만, 직접 먹어 보지는 못했다. 저녁 시간에 조개구이 요리를 먹는다고 나한테 일러 준다. 그렇게 먹고 싶다고 조르더니만, 드디어 평양에서 조개구이를 먹게 되어 소원을 풀게 되었다는 능청스러운 농담도 뒤따른다.

뜨거운 불로 인해 조개껍질이 튀면서 가루가 날리고 많은 연기가 난다. 당연히 시내 외곽의 포장마차 같은 곳에서 먹을 것이라고 생각을 했는데, 고급식당에서 조개구이를 해 준다고 한다. 아마도 야외식당이겠거니 생각하면서 식당으로 갔다. 큰 식당 중앙에 야외 분위기가 나도록 천장이 없고 하늘이 보이는 공간이 마련되어 있었다. 연기가 나도 괜찮은 곳이었다. 평평한 대리석 위에 두꺼운 종이 박스를 펴서 깔고 물을 적시고 큰 대합조개를 가지런히 차곡차곡 세워 놓았다. 우리들은 식당 안쪽 테이블에 앉아 있었다.

잠시 후, 지금부터 조개구이를 시작하겠다고 하면서 무슨 공연을 하는 것처럼 소개를 한다. 가지런하게 펴 놓은 조개 위에 휴지에 불을 붙여 얹어 놓는다. 그리고 접대원이 페트병을 들고 일어선 상태로 휘발유를 뿌리는 것이었다. 불이 확산되어 높게 솟구친다. 화단에 물을 주듯이 휘발유를 좌우로 골고루 뿌린다. 페트병 뚜껑에 뚫어 놓은 작은 구멍 사이로 휘발유가 비 오듯 나오고, 떨어지자마자 불길이 활활 타오르고 있었다.

모두가 처음 보는 광경에 조개 위에 불이 붙어 있는 모습을 카메라에 담느라 정신이 없었다. 무척 신기해서 접대원이 사용하던 휘발유가 든 페트병을 달라고 해서 직접 쏘아 보았다. 쉬울 것 같았는데 잘되지 않았다. 휘발유를 골고루 뿌리지를 못해 불이 꺼져 가고 있었다.

불타는 조개구이 모습

꺼지지 않게 페트병을 불 가까이 내리는 순간, 불이 병 끝에 붙어 활활 타고 있었다. 손이 뜨거웠다. 깜짝 놀라 어쩔 줄 몰라 하고 있는데, 접대원이 큰소리로 병을 세우고 입으로 후 불어서 불을 끄라고 한다. '후' 하고 불었지만 꺼지지 않았다. 더 크게 불어 보라고 한다. 해서 다시 힘차게 불어서 불을 껐다.

어느 정도 불을 피우고 나니 하얗던 조개의 색갈이 검게 변했다. 다 구워졌다고 하면서 구운 조개를 접시에 담은 후 테이블로 가지고 와서 능숙한 솜씨로 조개 살을 꺼내어 준다. 크기가 비슷한 조개로 먹기가 아주 좋았다. '불타는 조개구이'라고 해 놓은 식당 간판이 제법 실감나는 이름으로 보였다. 모두가 휘발유 냄새가 약간 난다는

휘발유로 구운 조개

이야기를 했지만, 먹지 못할 만큼은 아니라는 느낌이 들었다.

조개구이에는 양주가 제격이라고 한다. 조개껍데기에 부은 술 한 잔 후에는, 휘발유 냄새가 나던 분위기는 어디로 갔는지 없어지고 분위기 있는 조개구이를 먹어 보았다.

양각도 호텔 옆 골프 연습장의 야외 식당에도 조개구이가 있었다. 호텔하고 거리가 가까워서 퇴근 후 저녁 시간에 갈 수 있는지 확인해 보았다. 야외식당에서 간단히 술 한잔하는 것은 괜찮다고 하여 저녁에 찾아갔었다. 고기 굽는 화로처럼 숯불을 피우고 일반 석쇠가 아닌 조개구이 전용 받침을 만들어 사용하고 있었다.

조개가 기울어지지 않게 놓을 수 있는 철로 만든 조개구이 틀이 있었다. 조개를 수평으로 유지시켜 물이 바깥으로 흘러나오지 않게 하여 잘 구워지도록 한 아이디어가 돋보이는 틀이었다. 조개의 위아래 방향을 확인하여 조개 살이 붙어 있는 쪽을 아래로 향하게 하여 굽는 것이었다.

조개구이 틀

조개구이 방법에 대해서도 이야기를 한다. 조개를 바라보고 위아래를 구분해서 기울어지지 않도록 해야 한다고 한다. 위아래가 바뀌고 기울어지면 조개 안의 물이 먼저 빠져서 올바른 조개구이의 맛이 나지 않기 때문이란다. 이제껏 석쇠 위에 아무렇게나 올려놓고 구워 먹었던 나는 조개를 기울어지지 않게 하고 조개가 가지고 있는 물로 익혀야 조개의 참 진미를 느낄 수 있는 요리가 완성된다는 것을 알 수 있었다. 참으로 정성스럽게 조개구이를 해 먹는 것 같았다.

조개구이에 대해 전문가인 것 같아 완전히 익은 것을 어떻게 판단하는지에 대해서도 물어보았다. "조개는 벌어지면 먹어도 되는 겁니다. 물이 먼저 빠지면 구워지지 않아 벌어지지가 않습니다." 해서 정상적으로 구워지면 벌어진다고 한다. 요리 방법을 알고 먹으니, 조개구이가 더더욱 맛이 있게 느껴졌다.

8

구관이 명관

•

업무를 마치고 저녁 식사를 하면서 술을 한잔하게 된다. 보통 소주를 마시지만, 특별한 안주가 있으면 궁합에 맞는 술을 마셔야 된다면서 도수가 높은 술을 마시게 된다. 그러다 보면 은근히 술을 많이 마시게 되면서 노랫가락이 흥얼거리는 분위기로 전환된다.

때맞추어 식당 전면에 대형 TV를 켜고 노래방 기기를 작동시키고, 접대원들이 차례로 무대로 올라가서 노래를 부른다. 손님들이 어디에서 온 사람들이라는 것을 알기에 매번 우리가 알고 있는 노래만을 골라서 부른다. 부르는 노래라고 해 봐야 한 다섯 곡 정도 되는 것 같다. 맨 먼저 부르는 단골 메뉴인 〈반갑습니다〉 그리고 〈신고산 타령〉 외 몇 곡을 하고 나면 부를 노래가 없다.

이번에는 한 번도 가 보지 않은 새로운 식당으로 저녁 식사를 하러 갔었다. 매번 다니던 곳만 가는데, 모처럼 새로운 곳을 가 보게 된 것이다. 식당 내부 홀이 크고 내부 장식도 잘되어 있었다. 식당 전면에는 단상으로 아주 크게 무대를 꾸며져 놓았다.

배경은 무대 전체를 꽉 채운 크기로, 금강산의 아름다운 풍경을 큰 그림으로 장식해 놓았다. 말이 그림이지, 사진이라고 이야기해도 믿을 것 같았다. 그림 속 폭포의 물줄기는 진짜처럼 보여 무대 앞으로 나가 폭포를 배경으로 사진을 찍었다. 식사를 하러 간 모든 사람들이 그림이 너무 좋다고 돌아가며 사진을 찍었다. 항상 방문한 곳을 기념으로 남기기 위해 증명사진을 찍는다고 한다.

식당 전면의 큰 그림

미리 주문한 식사를 마치고 나니, 접대원들이 파란색의 유니폼 복장으로 무대에 올라가 노래를 하려고 준비를 한다. 항상 한복을 입고 노래하는 것을 보았는데, 유니폼 복장은 처음 보는 것이었다. 먼저 올라간 접대원이 마이크를 잡고 인사를 하며 자기소개를 한다. 옆에서 있던 지배인이 이 식당에서 노래를 가장 멋들어지게 하는 접대원이라며 박수를 달라고 한다. 많은 박수와 함께 멋있는 노래를 기대하였다.

노래하는 접대원

노래방 기기의 반주가 시작되는데, 옆자리에 앉아 있는 지도원 선생의 인상이 찌그러지고 있었다. 뭔가 불편한 심기를 드러내는 것 같았다. 전주가 끝나고 노래를 하는데, 내가 처음 들어 보는 노래를 하고 있었다. 접대원은 성의를 다해 노래를 하였지만 아무런 호응이 없었다.

노래가 끝나고 박수를 받으며 내려가고, 이번에는 다른 접대원이 올라와서 노래를 한다. 처음 부른 가사와 비슷한, 별반 차이가 없는 노래를 하고 있었다. 우리들이 전혀 모르는 들어 본 적이 없는 노래였다. 노래 가사가 듣기에 거북한 노래를 하고 있지만, 열창을 하고 있는 접대원에게 뭐라고 이야기를 할 수가 없었다.

또 다른 접대원이 올라가 노래를 하는데, 또 똑같은 유형의 노래를 하고 있었다. 자기네만의 노래인 것 같았다. 접대원끼리 서로가 잘하고 있다는 주장을 노래로 표현이라도 하듯이 경쟁적으로 비슷한 노래를 하였다. 지도원이 지배인을 불러 이야기를 한다. 남쪽에서 오신 분들이니 다른 노래를 하라고 주문을 하는데, 그 노래를 하지 못한다고 하는 것 같았다.

그러고 보니 나이가 어린 젊은 접대원들이었다. 오래된 옛날 노래는 하지 못하는 것 같았다. 당연히 자기 세대에 해당되는 노래만 열심히 하려고 하지, 우리들을 위한 우리들에게 맞는 노래를 하지 않는다. 역시나 하는 생각도 들었다.

매번 식사를 하고 나면 접대원들이 부르는 노래에 갈채를 보내고 화답하는 것이 버릇같이 되었는데, 이번만큼은 아는 노래를 들어 보지도 못하고 부르지도 못하는 처지가 되었다.

호텔로 돌아오는 버스 안에서 지도원 선생이 이야기하기를, 오늘 저녁은 미안하게 되었다고 한다. 좋은 곳이라고 하여 예약을 하고 찾아갔는데 마지막 노래하는 시간이 엉망이 되었기 때문이란다.

항상 업무에 관련된 이야기 외의 정치적인 이야기는 서로가 하지 않는 것이 불문율이었다. 예기치 않은 노래로 인해서 머쓱하고 기분이 좋지 않은 저녁이 되었다. 노래를 하는 접대원들의 나이가 어리기에 문제이지, 나이가 든 사람이라면 또 우리를 이해하는 사람이라면 그런 노래를 하지 않았을 것이다.

그렇다고 해서 세월이 지나고 나면 젊은 접대원들이 우리에게 맞는 노래를 해 줄까 하는 의문이 든다. 언젠가는 우리가 듣고 싶은 노래, 우리가 하고 싶은 노래를 마음껏 할 수 있어야겠다. 그 접대원들은 지금쯤 우리 노래를 배웠을지 궁금하다.

9

묘향산의 개구리

•

첫 출장 때 말로만 들었던, 그 유명하다는 묘향산을 구경하고 왔다. 밑에서 바라보는 산은 웅장하고 높았다. 계곡에서 내려오는 물은 매우 맑았다. 자연 그대로 전혀 오염이 되지 않아 흐르는 물을 손으로 떠서 목을 축였다. 유리처럼 투명하게 보이는 물속의 깨끗한 돌과 흐르는 물을 시원스레 갈라 주는 바위 그리고 부딪쳐서 부서지는 하이얀 물줄기는 한 폭의 그림과도 같았다.

묘향산은 평안북도 향산군에 위치한 높이 1,909미터의 산으로, 경치가 빼어나게 아름답고 향기가 나는 산이라 하여 '묘향산'이라고 부른다고 한다. 북한에서는 '향산'이라고 부른다. 평양 외곽의 고속도로 이정표에는 '향산'이라고 표시되어 있다.

매번 출장 때마다 묘향산은 특별한 사정이 없으면 꼭 들른다고 한다. 이번 출장 때에도 문제없이 방문할 것 같았다. 우리나라 사람은 아무나 구경할 수 없는 곳이기에 아름다운 묘향산을 배경으로 하여 특별히 연출한 사진을 한 장 찍어 가면 확실한 광고가 될 것 같았다.

북한 평양공장에서 라디오 카세트를 만들어 수입해 온다는 뉴스가 신문기사로 나왔다. 소식이 전해지고 북한에 고향을 둔 어르신들이 옛날 생각에 제품을 구입한다고 한다. 뉴스로 인해 북한산 카세트를 찾는 수요가 많이 늘었다고 한다. 북한산 라디오 카세트가 한창 분위기를 타고 있는 이 시점에서 '묘향산 계곡에서 라디오 카세트를 듣고 있는 평양 아가씨' 사진을 담아 오기로 작정을 했다. 그 사진을 담아 오면 회사 내 사보나 다른 광고에 활용할 수 있을 것 같은 생각에서였다.

노란색의 카세트는 사진으로 보면 어디에서 만든 개구리 카세트인지 알 수 있을 것 같다. 카세트를 들고 있는 평양의 예쁜 아가씨에게는 회사 로고가 있는 모자를 씌우고 한 컷 찍어야겠다고 마음을 먹었다. 그래서 출장 옷 가방 안에 준비물로 회사 행사 때 받아 놓은 로고가 있는 청색 모자를 넣어 왔다. 라디오 카세트는 평양공장에서 만든 제품을 미리 이야기하고 양해를 구해 한 대 빌려서 묘향산까지 들고 갔다.

아름드리나무가 빽빽하게 우거진 계곡과 폭포에서 떨어지는 하얀 물거품을 배경으로 미모의 평양 아가씨가 회사 모자를 쓰고 손에는 노란 개구리 카세트를 들고 있는 그림과 같은 사진을 빨리 찍고 싶었다.

점심 식사는 계곡 옆의 평평한 자갈밭에 돗자리를 펴고 접대원들이 미리 준비 중이었다. 숯불에 고기를 구워 가며 상추와 삶아 놓은 야채를 곁들인 바비큐 요리는 한마디로 진수성찬이었다. 모두들 맛있게 식사를 하면서 평양 소주를 한 잔씩 곁들이고 있었다.

나이가 적게 보이는 접대원에게 내가 쓰고 온 회사 모자를 건네면서 모자를 한 번 써 보라고 권했다. 하지만 쓰지 않는다고 한다. 써 보아도 괜찮다고 몇 번이나 이야기를 했는데도 계속 싫다고 한다. 그제야 느낌에 아무리 쓰라고 해도 안 될 것 같았다. 본인이 하기 싫은 것이 아니라, 뭔가 다른 이유가 있는 것 같았다. 해서 지도원에게 사정을 이야기하였다. 내 이야기를 들은 지도원은 정 선생님이 요구하는 대로 사진 한 장만 찍으면 된다고 하면서 접대원 동무에게 이야기를 한다. 고운 얼굴에 말없이 입을 삐죽이고 있었다.

묘향산 계곡에서 점심식사 준비

금방 한 장 찍으면 된다고 하면서 부탁을 했다. 회사 모자를 건네주고 카세트를 들고서 물가로 갔다. 흐르는 물 중앙에 있는 바위에 앉히고 사진 찍을 준비를 하였다. 폭포를 배경으로 내가 그리고 있던 대로 어렵게 어렵게 사진을 찍었다. 접대원에게 고맙다는 인사도 빼먹지 않았다.

돌아오는 버스 안에서 많은 생각을 했다. 안 된다고 하기 싫어하는 사진을 어렵게 한 장 찍었으니, 그래도 이번 출장은 성과가 있었고 돌아가서도 할 이야기가 많을 것 같았다. 일이 잘되어 북한에서 찍은 사진이 회사 사보나 신문에 실리게 되면, 이번 출장 효과는 배가가 된다는 엉뚱하고도 흐뭇한 생각을 하였다.

영업 부서에서 근무를 할 때 광고 팸플릿 제작에 참여한 적이 있었다. 적합한 사진을 찾기 위해 여러 곳의 광고회사를 찾아다니며 사진을 골라 본 적이 있었다. 정말 많은 사진과 필름이 있었고, 원하는 어떤 사진이라도 찾을 수 있을 것 같았다.

하지만 그 사진은 전부 일정 기간만 이용해야 하고 필요한 사용료를 지불해야 했다. 그것도 생각 이상으로 가격이 비쌌다. 원하는 사진은 더더욱 비싼 것 같았다. 그것을 경험해서인지 나는 묘향산에서의 사진은 아무나 구할 수 없는 진정한 한 장이기에 더더욱 강하게 애착이 생겼다.

귀국 전날인 출장 마지막 날 오후에는 평양에서 찍은 모든 필름을 회수한다. 저녁 시간에 전부 인화해서 보고 점검을 하여 문제가 있는 사진은 필름과 함께 돌려주지 않는다. 사진은 출국하는 날 아침에서야 받아 볼 수 있었다. 또 필름은 현상된 사진의 것만 건네준다.

묘향산에서 찍은 사진을 빨리 찾아보았다. 그런데 밤새 기대하고 고대했던 작품 사진은 보이지 않았다. 혹시나 해서 필름을 형광등에 비추어 보고 다시금 한 번 더 찾아보았지만 묘향산 사진은 보이지 않았다. 문제가 있는 사진으로 판단을 한 것 같았다.

아마도 안 되는 줄 알면서도 묘향산에서의 분위기상 나의 요구에 대응해 준 것 같았다. 내가 엉뚱한 욕심을 부렸나 보다. 괜스레 여러 사람에게 피해를 준 것 같았다.

묘향산 개구리는 아직도 묘향산에 있나 보다. 언제가 다시 한 번 찍어 가지고 오고 싶다. '묘향산의 개구리'를…….

개구리 카세트

10

촛대바위

묘향산에 가면 내려오는 길에 항상 들르는 곳이 있다. 산중턱에 '보현사'라고 하는 유명한 사찰이 있다. 버스를 타고 사찰에 도착하면, 한복을 곱게 차려 입은 중년의 안내원이 나와서 일일이 인사를 하며 반갑게 맞이해 준다.

보현사 경내에 들어가기 전에 사찰 옆 공원에서 묘향산과 보현사에 대한 안내를 해 준다. 묘향산 전체를 표시한 큰 안내 표지판 앞에서 긴 지휘봉을 잡고서 자세한 이야기를 시작한다. 안내 표지판 앞에는 고목으로 만든 여러 개의 벤치가 있다. 고목의 벤치가 많이 닳아 반짝반짝하는 걸 보면, 무던히도 많은 사람들이 앉아서 안내를 받은 것 같았다.

이윽고 사찰에 대해 자세한 소개가 이어진다. 보현사는 고려광종 19년(968) 탐밀 대사와 광곽 대사가 건립하였고, 임진왜란을 전후하여 서산대사와 사명대사가 거처하였던 곳으로 유명하다. 또한 『팔만대장경』을 보관하고 있고 6·25 전쟁 당시 일부 사찰이 유실 되었다가 복원을 하였다고 한다.

보현사 앞에서 안내하는 모습

보현사에 대해서는 경내를 직접 같이 둘러보면서 다시금 자세한 설명을 해 주겠다고 한다. 그러면서 묘향산 전체에 대한 설명을 시작한다. 산봉우리 높이 있는 등산로를 가리키며 등산에 얽힌 자세한 이야기를 아주 재미있고 정성스럽게 소개를 해 준다. 안내표지판 약도를 지휘봉 끝으로 하나하나 눌러 가며 정상으로 올라가는 과정과 함께 군데군데 설명을 덧붙인다.

이야기를 하던 중 촛대바위에 대한 이야기가 화제로 떠올랐다. 왼손으로 묘향산 능선을 가리키며 촛대바위를 찾아보라고 한다. 산 아래서 보이는 것이지만 아주 큰 바위라는 것을 금방 알 수 있었다. 산능성에 돌출되어 있는 바위는 우리들이 흔히 이야기를 듣던 바로 누워있는 남근바위 그 자체였다. 참 바위도 크고 잘생겼다고 생각했다.

이어서 안내원이 하는 이야기가, 아주 옛날 하늘에 구멍이 생겨 뚫린 사이로 엄청난 비가 왔다고 한다. 쏟아지는 정도가 폭포수와도 같아, 뚫린 구멍에 물기둥을 세우듯이 엄청나게 쏟아졌다고 한다. 그대로 두면 홍수가 나서 묘향산과 모든 것이 떠내려가고 없어질 긴박한 상황이었으나, 도저히 물을 막을 수가 없었다고 한다. 이때 크고 굵은 남근바위(좆대)가 뚫어진 하늘의 구멍을 콱 막았다는 것이다.

뚫린 하늘 구멍을 단숨에 콱 틀어막았다는 대목에서 뚫어진 곳을 막는 퍼포먼스를 양손으로 하는데, 이건 코미디도 아니었다. 시골에서 고인 빗물을 튀기고 지나가는 자동차를 향해 시골 사람들이 욕을 하는 모습, 바로 그 모습이었다. 단정히 입은 한복의 소매가 벗겨지는 우스꽝스러운 퍼포먼스와 함께 손뿐만 아니라 큰소리로 "콱" 틀어막았다고 한다. 그 표현과 소리에 모두들 자지러지며 한바탕 웃음바다가 되었다.

보현사 앞에서 엄숙한 자세로 앉아 이야기를 듣던 중 예상치도 않게 중년의 안내원이 생각하지도 제스처로 소개를 하는 바람에, 맨 뒤에 앉아 있던 나는 웃음을 참다못해 바로 뒤로 돌아앉아 내 입을 막았다. 웃음이 금방 끝나지 않고 참을 수가 없을 것 같았다. 소리 내어 웃자면 너무나도 크기에 안내원에게 큰 실례가 될 것 같아 입을 막고 뒤로 도망갔다. 도망가서도 웃는 소리가 크다는 생각에 속으로 삭이고만 웃었다. 참을 수 없는 웃음으로 눈이 아파 눈물이 났다. 웃다가 눈물이 난다는 이야기를 들었지만, 난생 처음으로 웃다가 눈물이 나는 경험해 본 것 같다.

한참을 지나고 마음의 진정을 찾은 다음 벤치로 갔다. 이제는 안내원의 얼굴만 보아도 웃음이 나왔다. 이런 웃음은 건강한 웃음인 것 같다. 우리가 생각하기에 닯이 경직되어 있고 딱딱한 분위기 안에서 생각하지도 않은 이야기에 정말 많이 웃었다. 손님으로 찾아온 많은 사람에게 웃음을 주기 위해 묘향산의 경치를 해학으로 소개를 하는 안내원의 프로정신에 감탄했다.

항상 웃으면서 촛대바위를 소개하는 안내원의 건강을 기원합니다.

보현사 내 팔만대장경보존고

11

물개술

•

호텔방에서 한참 가방 짐을 정리하고 있을 때였다. 비닐봉지에 물건을 들고 와서 법인장께 갖다 드리라고 하면서 내려놓는다. 무엇이냐고 물어보니, 술이라고 한다. 무슨 술이냐고 물어보니 북한에서 만든 물개술이라고 한다.

물개술! 가끔 술자리에서 지나가는 이야기로 들었지만 거짓말인지 진짜로 있는 것인지 궁금했었다. 그리고 정말로 있다는 확신을 가지지는 못했다. 술병을 꺼내 들어 보고서 정말 물개로 만든 술이냐고 물어보았다. 이 술은 북한에서 만들어서 진짜라고 한다. 중국에는 가짜 술도 있고 먹는 음식물을 가지고 장난을 치지만, 북한에서는 절대 술이나 먹는 음식을 가지고 장난을 하지 않는다며 진짜임을 강조한다.

한국에서도 중국에서도 보지 못한 술이었다. 노란 술병 뚜껑 위에는 물개가 그려져 있었다. 그리고 술병의 몸통에는 자세한 효능에 대해 상세하게 정리되어 있었다. 내용을 읽어 보니 한마디로 만병통치약이라고 해야겠다. 성인병, 고혈압, 당뇨, 중풍 등에도 좋고, 특히 성기능 개선에 좋다는 이야기까지 전부 써 놓은 것이었다. 그리고 술 재료에 아예 'Penis'라고 적혀 있다. 처음 보는 사람들이라면 어느 누가 보아도 즉시 한 병을 살 것 같은 느낌이 들었다. 기회가 되면 꼭 구입해야겠다고 마음먹었다.

북한 술은 똑바로 세우지 않고 기울이면 중국술처럼 술이 새어 나온다고 한다. 술을 여행 가방 안에 넣으려면 술이 새어 나오지 않게 병뚜껑 부위를 테이프로 감아야 한다. 또한 개별포장이 되어 있지 않기에 부딪쳐 깨지지 않도록 옷이나 타월로 감싸서 가방을 꾸려야 한다.

물개술

소중히 가지고 와서 법인장께 드렸다. 법인장께 술을 드신 효과가 좋은지 물어볼 수는 없었지만, 다음 출장 기회가 있으면 반드시 한 병 사 와야겠다고 마음을 먹었다.

이후 출장을 다시 가게 되어 물개술을 사고자 작정을 하고 평양 시내 면세점을 들렀는데, 물개술이 보이지 않았다. 진짜 귀한 술이라 없는가 보다 하고 생각했다. 시내 다른 선물상점에는 있는지 물어보았지만 다른 곳에도 없다고 한다.

지난 출장 때 특별히 법인장께 선물한 술이라고 지도원 선생께 이야기를 하면서, 이번에 반드시 한두 병을 꼭 사 가지고 가야 된다고 했다. 그랬더니 시내에는 없지만 혹시 공항 면세점에 가면 구입할 수 있을지 모르겠다고 한다.

만약 공항 면세점에도 없으면 술 한 병도 없이 집으로 가는 일이 발생할 것 같은 근심이 생겼다. 하는 수 없이 건강에 좋고 만병통치약처럼 생긴 유명하다는 돌버섯술 두 병을 구입했다. 입국 시 주류 면세 기준이 한 사람당 술 두 병으로 제한을 하고 있기에 항상 두 병 한도 내에서 사 가지고 왔다.

평양공항 면세점

출국 심사를 마치고 공항 면세점 술 판매 코너로 가 보았다. 유리로 된 진열대에 물개술이 진열되어 있었다. 세관에 걸리는 것은 다음이고, 우선 구입부터 해야겠다고 마음을 굳혔다. 물개술 두 병을 사게 되면 모두 네 병인데, 만일 공항 세관에 걸리면 돌버섯술은 세관에 두고 물개술 두 병만 가지고 가야겠다고 굳게 마음을 먹었다.

술이 새지 않게 검정 비닐 테이프로 술병 뚜껑 부분을 빙빙 돌려 감아 준다. 스피드나 꼼꼼함이 많이 해 본 솜씨였다. 별문제 없이 세관 검사를 통과하여 귀중한 물개술 두 병을 가지고 왔다.

잦은 출장으로 얼굴을 보는 시간이 적었는데, 모처럼 시간이 된다고 부서 회식을 하게 되었다. 이번 출장은 중국과 북한 2개국을 다녀왔기에 중국술 1병과 북한 물개술 1병을 가지고 회식에 참여했다. 모처럼 모인 기회로 술을 한 잔씩 직접 건네게 되었다.

먼저 중국술을 따서 테이블을 한 바퀴 돌면서 20명에게 술을 따라 주었는데, 반병이 남았다. 잠시 후에 이번에는 북한에서 공수해 온 물개술이라고 소개를 하고 다시 테이블을 한 바퀴 돌아가는데, 마지막까지 돌아갈 수 없는 양이 되었다. 좋기는 좋은가 보다 생각을 했다. 중국술을 따르면 반 잔이 넘어가면 되었다고 사양을 하는데, 물개술을 따르니 반 잔이 넘어가도 아무 말도 하지 않고 받는다.

다음 날, 처가 집으로 가서 출장 귀국 신고를 하였다. 처제와 동서들과 저녁 식사를 하기로 하였다. 모처럼 식구들과 한잔하려고 중국술과 물개술을 가지고 갔다. 장인 어르신께 북한 물개술이라고 한 잔을 드렸다. 두 잔 하시고는 그만하시겠다고 하여, 귀한 술이라 남은 술은 싱크대 서랍에 넣어 놓으니 저녁 식사 시 반주로 한 잔씩 하시라고 말씀 드렸다. 피곤 하시다고 주무신다고 하시면서 방으로 들어

가셨다.

동서들이 막 도착을 하였다. 동서들이 모두 처가에서 1시간 거리 안에 살고 있어 자주 모이게 되고 참석률이 좋다. 중국술을 가지고 한 잔씩 하면서 북한 출장 이야기를 하였다. 그러다가 물개술에 대한 이야기가 나와, 아버님이 한 잔만 하시고 주무신다고 하셔서 물개술은 저쪽에 보관하고 있다고 했다.

둘째 동서가 벌떡 일어나면서 하는 말이 "우리도 힘을 써야 합니다." 그러더니 술을 꺼내 왔다. 아버님이 좋아하시는 술이니 한 잔씩만 하고 넣어 두라고 이야기하였다. 그렇게 한 잔을 하고 좋다고 하더니만 딱 한 잔씩만 더하자고 한다. 하는 수 없이 한 잔씩 더하라고 했다. 그랬더니 또다시 한 잔 더한다고 한다. 나도 방법이 없으니 알아서 하라고 했다. 그러다 보니 금방 빈 병이 되었다. 물개가 좋긴 좋은가?

장인어르신께는 다음 출장 때 더 좋은 술을 사서 선물한다고 했다. 건강이 최고인가. 역시나 정력이 최고인지, 좋다고 하면 남아도는 것이 없다.

12

보통강 강변에서 맥주 한잔

•

보통강 호텔에서의 일요일이었다. 매주 출장 때 보면, 일요일의 일정에 대해서는 토요일 오전 중에 출장자에게 알려 주었다. 이때까지는 계속해서 일요일은 묘향산을 방문하였다. 이번에도 방문할 것으로 생각을 하고 처음 출장을 온 사람들에게 일요일의 예상되는 스케줄에 대해 이런저런 이야기를 해 주었다.

먼저 가 보았다고 묘향산에 대한 관광 가이드인 양 제법 많은 이야기를 들려주었다. 특히 묘향산의 맑은 계곡에서 바비큐를 먹으면서 식사를 하는 이야기를 하니, 엄청 분위기가 들떠 있었다. 흐르는 물에 발을 담그고 평양소주 한잔하자는 이야기에 모두가 껌뻑 넘어가는 분위기였다.

그런데 이상하게도 어제 저녁 식사 시간에도 오늘 일요일 일정에 대해 이야기해 주지 않았다. 인솔자에게 물어보아도 아무런 답이 없다. 하룻밤을 자고 아침이면 알려 주려나 하였지만, 여전히 아무 이야기도 없다.

아침 식사를 하면서 오늘 일정에 대해 물어보자 느닷없이 오전 12시까지 호텔 밖으로 나가지 말고, 각자 방 안에만 있으라고 한다. 황당한 이야기이지만 어필해도 안 된다는 것을 익히 알고 있었기에 아무런 대꾸도 하지 못하고 호텔방으로 올라가 하는 수 없이 텔레비전만 쳐다보고 있었다.

그런데 시간이 지나니 점점 갑갑해지기 시작했다. 돌아다녀도 시원찮을 판국에 방 안에 가만히 앉아 있으려니 온몸이 근질근질하였다. 두 시간이 넘어가도록 호텔방 안에 머물러 있다가 하는 수 없이 1층으로 내려가 보았다.

보통강 호텔 외곽 풍경

호텔 입구에서 바로 보통강이 보인다. 보통강은 수심이 낮고 유속이 느리다. 강변으로는 수양버들이 많아 주변으로 산책하기가 아주 좋게 느껴진다. 강 건너편에는 주말을 맞아 몇몇 가족들이 산책을 즐기고 있었다.

멀리 나갈 수는 없고 해서 호텔 앞쪽 정원으로 가 보았다. 여러 사람이 앉을 수 있는 큼직한 돌들이 빙 둘러 있고, 가운데에는 불을 피운 흔적이 남아 있었다. 호텔 앞 정원에서 바비큐를 한 것 같았다. 12시까지 약속된 스케줄은 없고 시간은 있고 하니, 문득 동료들과 같이 모여서 보통강 호텔 앞 공원에 앉아서 맥주를 한잔하는 것도 평양에서의 추억이 될 것 같았다.

내친김에 호텔로 들어가서 처음 출장 온 사람들의 방으로 찾아가 호텔 앞으로 오라고 이야기하였다. 오전에 할 일이 없으니 밖으로 나가 공원에서 맥주나 한잔하자고 하니 모두가 좋아했다. 1층 매점에서 맥주와 마른안주를 사 가지고 아까 보아둔 호텔 앞 정원으로 갔다.

보통강변의 늘어진 수양버들을 쳐다보며 기분 좋게 한잔하면서 이야기를 하고 있었다. 그렇게 분위기를 만끽하며 한잔하는 중에 호텔 로비 문이 열리고 누군가 검은 옷차림으로 우리 쪽으로 오고 있는 것 같았다. 지도원 선생이었다. 우리들을 보고 좋은 곳에 자리를 잡았다는 이야기를 한다. 맥주 한 잔을 건네고 출장에 관련한 이런저런 이야기를 하다 보니, 사 가지고 온 맥주를 금방 비워 버렸다.

마음 같아선 한 잔 더 하고 싶었는데, 지도원 선생도 있고 대낮이고 해서 그렇게 끝을 냈다. 그러고 나니 정말 할 일이 없었다. 모두가 호텔방으로 가서 낮잠이나 자겠다고 하면서 각자의 방으로 들어갔다. 잠시 누워서 잠을 청하려는데, 때마침 전화가 걸려 왔다. 오후 행사가 있으려나 하는 기대를 하며 전화를 받았는데, 정원에서 같이 맥주를 마시던 동료가 전화를 한 것이었다.

인솔자가 자기의 방으로 오라는 전화를 받고 찾아갔는데 왜 규율을 지키지 않느냐고 따졌단다. 호텔 밖으로 나가지 말라고 했는데, 규율을 어기고 밖에 나가 술을 마셨냐며 한바탕 잔소리를 들었다고 한다. 또 조금 있으니까 또 다른 동료에게서 전화가 왔다. 똑같이 방으로 불려가서 잔소리를 들었다고 한다.

모두들 한결같이 멀리 가지도 않고 바로 호텔 앞 정원에서 캄캄한 저녁도 아닌 대낮에 그저 맥주 한잔한 것이다. 이게 뭐가 그리 큰 잘못이라고 한 사람 한 사람 불러서 잔소리를 하는지 도대체 이해를 하지 못하겠다고 하면서 불만을 표시한다. 아마도 지도원 선생이 우리가 규율을 어기고 호텔 밖으로 나간 것에 대해 인솔자에게 지적한 것 같다. 일요일에 아무런 계획도 없이 호텔방 안에서 대기하고 있는 상황에서 인솔자도 지적을 받으니, 한 사람 한 사람 불러 잔소리 아닌 잔소리를 한 것 같다.

출장 마지막 날, 저녁 만찬을 마치고 출장자끼리 한잔 더하자고 해서 칵테일 코너에 앉았다. 한잔하는 분위기가 금방 끝나지 않을 것 같았다. 내일 귀국 여정이 걱정되어 딱 한 잔만 하고 나 혼자 먼저 일어나 방으로 갔다.

귀국하는 날, 아침 시간에 모두가 같은 테이블에서 식사를 하였는데 인솔자와 동료들 간 얼굴 표정에서 이상하다는 느낌을 받았다. 뭔가 어색해 보였다. 분명 어제 저녁 시간에 술을 한 잔 더 하면서 무슨 일이 생긴 것 같았다.

나중에 물어보니, 내가 먼저 방으로 올라가고 없게 되자 낮에 인솔자에게 잔소리를 들은 세 사람만 남아 있었다고 한다. 해서 술 한 잔 핑계를 삼아 인솔자를 상대로 잔소리 들은 뒤풀이를 한 것 같았다. 공항으로 가는 버스 안에서도 화해가 되지 않은 모습이었다. 결국 낮에 맥주 한잔하자고 발동을 건 내가 잘못이었다.

평양에서는 그만큼 신변에 대한 안전 책임으로 항상 철저한 규율 준수를 요구한다. “우리는 그냥 놔둬도 전혀 문제없는 사람들입니다.”라고 하니 지도원 선생 왈 “그럼 제가 남쪽으로 출장 가면 아무렇게나 돌아다니게 그냥 둡니까?”라고 반문을 하며 “똑같습니다.”라고 한다. 그렇게 입장을 바꾸어 생각하고 나니, 그제야 이해가 갔다.

13

2008년의 출장

•

2008년 5월 7일 아침 새벽 4시에 중국 혜주 집에서 집사람이 차려준 밥을 먹고 출발해서 심천에서 베이징으로 가는 비행기 안이다. 마지막 출장이 될 것 같아 빈 노트를 한 권 챙겨 나왔다. 아무쪼록 보고 느낀 내용을 잘 정리해서 여러 사람에게 알려 주고 싶다.

지금은 디지털카메라 사용을 허락한다고 하니, 구경한 내용을 사진과 함께 더 자세히 정리할 수 있을 것 같다. 오후 내용은 오늘 저녁 호텔에서 정리해야겠다고 다짐을 해 본다. 혜주에서 북경으로 가고 있다.

5월 8일, 북경호텔에서 베이징 쿤룬 호텔로 이동했다. 쿤룬 호텔은 많이 변해 있었다. 새로이 단장을 했는데, 이전에 로비의 한쪽 면을 채웠던 큰 산수화 는 없어지고 황금빛 금박으로 된 조형으로 쿤룬산을 만든 작품으로 바뀌어 있었다.

첫 출장 때 로비에 있는 큰 산수화를 보고 정말 대단한 그림으로 느꼈었다. 내가 쿤룬 호텔에 기억해 둔 큰 산수화가 없어져서 정말 큰 아쉬움이 남았다. 아마도 베이징 올림픽을 앞두고 새롭게 단장을 한 것 같았다.

아침에 전화벨 모닝콜을 받고 일어났다. 어제 저녁 오래간만에 북한 출장 동지들과 마신 술로 몸이 무거운 느낌이 든다. 그래도 양주를 마시고 않고 중국 백주를 선택한 것이 잘했다는 생각이 든다. 생수를 마셔 가며 술을 마셨으니 그나마 이 정도라는 생각이 든다. 2층 식당으로 내려가서 아침 식사를 해결하고 다시금 호텔방 화장실로 향했다. 언제쯤 과민성 대장이 괜찮아지려는지 한숨을 내시며 가방을 챙겨서 로비로 내려왔다.

베이징 공항으로 가는 길이 비좁았다. 도로는 그대로인데 차가 엄청 많아졌다. 올림픽 개최할 때 문제가 생기지 않을지 걱정이 되었다. 공항 안에는 베이징 올림픽 기념품을 팔고 있었다. 올림픽 마스코트, 모자, 열쇠고리, 티셔츠 등 여러 가지 종류의 올림픽 기념품이 있었다. 올림픽 구경을 하지는 못하지만, 그래도 기념으로 집사람에게 주려고 티셔츠를 한 장 구입했다.

탑승 게이트로 찾아가니, 고려항공 비행기가 이미 들어와 있었다. 아침에 평양에서 출발하고 오후에 돌아가는 형태로 운항을 한다. 일주일에 2회로 화요일과 토요일에 운항을 한다.

느낌에 첫 출장 때 타고 간 그 비행기 같아 비행기를 배경으로 사진을 찍었다. 비행기 안에는 1등석, 2등석, 3등석으로 나누어져 있었다. 우리는 3등석으로, 한 줄에 세 좌석씩 통로를 끼고 양쪽으로 배치되어 있었다. 첫 출장과 변함없이 오픈된 짐칸으로, 예전 시골버스의 짐칸을 생각하면 딱 맞다. 그래서 가방은 화물로 보내는 것이 편하다.

기내식 카레 요리

기내식으로 카레밥이 나왔다. 좋아하는 맥주도 있지만 마시지 않았다. 캔으로 주는 것이 아니고, 병에 든 맥주를 한 잔씩 따라 준다. 뚜껑을 따고 맨 처음 마시면 모를까, 김이 다 빠져 맛이 없을 것 같은 느낌이 든다.

그리고 맥주 한 잔 마시고 나서 좁은 좌석 공간을 비집고 나가 화장실에 가려는 생각을 하니, 차라리 마시지 않는 편이 좋을 것 같아 샘물만 한 잔 마셨다. 중국은 광천수라고 하지만 북한에서는 샘물이라고 한다.

평양공항에 도착하니, 처음 출장 올 때 그 모습 그대로였다. 변화된 것은 많지 않았다. 하지만 검색대에는 제복을 입은 사람들이 많이 서 있었다. 검색대에서 하는 일이 별로 많지 않을 것 같은데, 너무도 많은 사람이 있는 것 같은 기분이었다.

악기가방을 들고 있는 어린 학생이 보였다. 외국에서 거주하다가 일가족 전부가 들어오는 것 같았다. 온 가족이 들어와서인지 가방과 짐 꾸러미가 몇 개나 된다. '통과하는 데 시간 좀 걸리겠구나!' 하고 생각을 했는데, 어디선가 통관원을 데리고 와서는 짐표를 건네주고 검색 없이 그냥 통과를 한다.

우리는 가지고 온 짐을 찾아 검색대에 올려놓았다. 생산 공장에 필요한 자재 박스를 열어 보고,는 꼬치꼬치 묻고 있었다. 쓸 만한 물건이 들어와서인지, 아니면 무엇인지 몰라서인지, 하나하나 전체를 검색하였다.

검색을 마치고 지난 출장 때처럼 중형 버스를 타고 평양 시내로 향했다. 도로 양옆에는 10m 정도의 폭으로 포플러나무가 빽빽하게 우거져 제법 시원해 보였다. 원체 큰 키의 나무그늘로 인해 바로 옆에 있는 논밭농사에 영향을 줄 것 같은 느낌을 받았다.

논에서는 모내기를 막 준비하고 있었다. 오랜 가뭄이 들어 모내기에 지장이 있다고 지도원이 걱정스런 이야기를 하였다. 만수대로 올라가 기념촬영을 하고 있는데, 공항에서 악기를 들고 입국한 일가족을 보았다. 우리보다 먼저 도착했는데, 벤츠 승용차를 타고 돌아가고 있었다.

사람들이 사진을 찍고 있었다. 지난 출장 때에는 사진 찍어도 되는지 물어보고 괜찮다고 하는 곳만 찍었는데, 지금은 그냥 찍어도 제재를 하지 않는다. 결국 많은 사람들이 찾아오다 보니 이제는 사진을 찍는 것에 대해서는 별도의 통제를 하지 않는 것 같다. 그렇지만 아직도 핸드폰은 입국 심사할 때 공항에 맡기고 왔기 때문에 출국할 때 공항에서 다시 찾아가야 한다.

시내에는 많은 가게가 문을 열었다. 동일한 모양으로 포장마차처럼 생긴 간이매점이 군데군데 생겼는데, 군고구마와 아이스크림을 팔고 있었다. 시내를 오가는 사람들이 아이스크림을 먹으면서 지나갔다. 옷 색깔도 많이 밝아진 것 같다. 그때보다 한층 더 밝아진 시내 모습이었다.

평양 시내(간이 매대)

공사가 중단된 류경 호텔은 아직 그대로 있었다. 평양을 예전에는 '류경'으로 불렀다고 한다. 류경 호텔을 짓다가 자원이 부족해서 현재는 짓던 그대로 골조만 검게 덩그러니 남아 있어 흉물스럽게 느껴졌다.

숙소는 보통강 호텔이라고 한다. 북경에서 출발할 때는 양각도 호텔에 예약을 요청했다고 하는데, 단체 손님이 예약되어 있어 호텔이 변경되었다고 한다. 평양 현지에서는 변경되는 것에 익숙해져야 한다. 따질 것 없이 변경되는 대로 쉽게 접어들면, 그게 편안한 출장이 된다. 모두가 사정이 있는 것이기에 여러 말이 필요 없다.

보통강 호텔에서 본 류경 호텔

호텔방이 이전 출장 때보다 좋은 방인데, 냉장고 안에는 아무것도 들어 있지 않았다. 북한 사람들이 출장 때 냉장고의 미니바에 들어 있는 음료와 술을 전부 꺼내 마셔서 낭패를 본 적이 있었다. 그다음부터는 냉장고에 들어 있는 것을 모두 꺼내도록 하였는데, 여기는 그런 걱정을 하지 않아도 된다.

국제전화 하는 요령을 찾아서 중국집에 있는 집사람에게 도착 안부전화를 했다. 북한 평양에서 전화를 하니 깜짝 놀라워한다. 평양으로 출장을 갔기에 전화 올 것이라고는 생각도 못했다는 것이다. 그나마 중국과 북한은 서로 통화가 가능하니 엄청 반가워한다.

저녁 식사는 7시에 보통강 호텔 1층 식당에서 하기로 되어 있다. 지난 출장 때에 안내해 주던 지도원 선생이 오늘 공항 영접을 나왔다. 저녁 식사 시간에 술 한 잔으로 인사를 하려고 마음먹고 있었다. 모든 일에 대해 절도가 있고 성품 또한 착실한 사람으로, 이번에 같이 기념사진을 한 장 찍어 두어야겠다고 다짐을 해 본다.

짐을 정리하고 다른 사람 몰래 1층으로 내려가 매점에 전시된 그림을 구경하였다. 이전에는 그림의 작가에 대한 아무런 설명도 없었는데, 지금은 별도의 팸플릿에 작가에 대한 소개가 상세하게 적혀 있었다. 금강산 그림 한 폭을 보았는데, 이건 그림이 아니라 사진이라고 해야 더 정확하겠다. 경치를 보고 본 그것을 똑같이 화폭에 담는 사실화라서 그런지, 그림에 대한 실력이 참 좋은 것 같았다.

그림 구경을 마치고 내일 아침밥을 먹게 되는 식당이 어디인지 확인차 가 보았다. 저녁에 무슨 행사가 있는지 아주 큰 홀 중앙에 테이블을 분주히 장식하고 있었다. 마침 지도원 선생이 나를 보고 “중국에서 입고 다니던 옷입니까?"라고 물어본다. 중국에서 입고 온 반팔 티셔츠 상태로 나갔는데, 저녁 만찬 때 그대로 입고 오면 안 된다는 메시지였다.

방으로 올라가서 긴팔 와이셔츠로 갈아입고 넥타이를 매고 내려갈 준비를 하고 있었다. 방으로 전화가 와서 받아 보니, 빨리 내려오라고 한다. 약속 시간이 앞당겨졌구나 싶어 내려왔는데 모두가 나를 쳐다본다. 시간이 한 시간이나 남았는데도 많은 사람들이 1층에 내려와 있었다. "왜 모두들 일찍 내려왔느냐?" 하고 시계를 쳐다보는 순간, 아뿔싸! 나의 시계는 중국 시간으로 한 시간이나 차이 나고 있었다. 조금 미안했지만 어쩔 수 없는 상황이었다.

나를 기다리고 있던 여러 사람들과 식당으로 들어갔다. 홀 중앙에 이미 준비해 놓은 큰 테이블에 사장과 마주 보고 앉아 식사를 하게 되었다. 아까 보았던 큰 식당 홀의 중앙이 우리의 만찬자리가 될 줄은 생각도 못했다. 매번 환영 만찬에는 쌀로 빚은 삼학 소주와 곱게 만든 삼색 야채 요리가 고정되어 있는 것 같았다. 건배주가 미리 잔에 채워져 있어 자리에 앉아 인사를 하고 바로 건배를 했다.

5월 9일 아침. 항상 6시에 기상하는 버릇이 있어 일찍 일어났다. 저녁에 마신 술로 머리가 약간 띵하지만 어제보다는 괜찮았다.

"세탁물은 오전 9시까지 맡기는 경우, 당일 오후 5~6시에 찾을 수 있습니다."라고 표기되어 있었다. '빤즈 1, 런닝구 1, 양말 2 아침에'라고 세탁 주문서에 기록했다. '팬티'를 '빤즈', '러닝셔츠'를 '런닝구'로

세탁물 정리 모습

표기하고 있었다.

그러고 보니 아침 식사를 몇 시에 하는지 들은 얘기가 없었다. 전화를 해서 물어보니 아침 7시 50분에 1층 식당에서 만나자고 한다. 해서 다시 잠을 자려고 침대에 누웠다가 아침 시간이 아까워 다시 책상에 앉아 글을 썼다.

창밖을 내다보니 저 멀리 유경 호텔이 눈에 들어온다. 보통강의 물안개가 자욱한 버드나무 사이로 시커먼 유경 호텔만 보였다. 밤새 충전하고 있던 디지털카메라를 잡고서 풍경 사진을 찍었다. 아마 잘 나올 것 같다. 열어 놓은 창으로 들어오는 새벽 공기는 시원하고 맑았다.

어제는 북경에서부터 황사가 시작되었다. 평양 순안공항에 도착할 때까지 뿌옇고 흐릿한 느낌을 받았는데, 오늘 아침은 깊은 산속에서 아침을 맞는 듯한 깨끗한 느낌이었다. 듣기로는 서울에도 황사주의

보가 내렸다고 하는데, 중국에서 평양으로 그리고 서울로 이어지는 것 같았다.

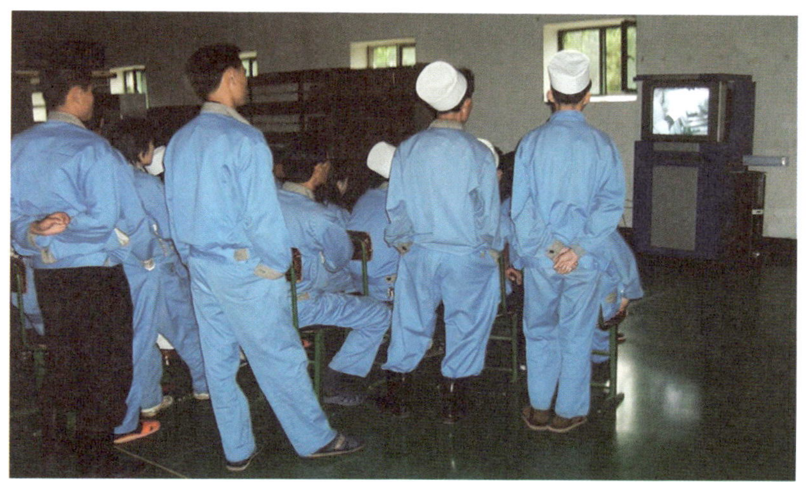

현장에서 교육

공장을 방문해서 업무를 했다. 사원 작업복이 하얀색에서 파란색으로 바뀌었다. 오전에 시간이 되어 현장사원을 모아 놓고 준비해 간 VCD로 품질에 대한 교육을 진행하였다. 얼굴들이 많이 밝아 보였다. 교육 중 질문(대화)은 없었지만, 이전보다는 활기가 차 있다는 것을 느낄 수 있었다.

저녁 6시까지 일을 하고 불고기를 잘한다는 은반식당으로 갔다. 은반식당 앞에는 빙상 경기장이 있다. 빙상 경기장의 빙판을 모토로 식당 이름을 '은반식당'으로 지었다고 한다.

식당 안에서 화장실을 찾으니 족히 30미터를 걸어가야 했다. 하도 멀다는 느낌에 돌아올 때는 큰 걸음으로 세어 보았다. 다음에 어느 누가 출장을 가면 꼭 한번 확인해 보라고 권하고 싶다.

큰 소주잔

평양소주와 고기를 시켰는데, 소주잔이 거짓말 좀 보태면 중국맥주잔과 크기와 같았다. 중국에서 맥주를 즐겨 마시다가 오랜만에 큰 소주잔을 보고 깜짝 놀랐다. 소주잔이 왜 이리 크냐고 물어보니, 이 잔으로 소주를 마시지 못하면 무슨 술을 마신다고 하느냐며 오히려 핀잔을 주었다. 우리나라 소주하고는 다르게 증류식이라고 한다. 아침에 일어나도 머리가 아프지 않다고 하기에 몇 잔 했는데, 정말 아침에 문제가 없는 걸 보니 증류식이 좋은 것 같았다.

옥류관

점심시간에는 비가 내려 유명한 옥류관으로 냉면을 먹으러 갔다. 비가 오고 있어 빈대떡과 냉면이 어울리는 것 같았다. 옥류관 앞에는 이미 많은 사람들이 북적이고 있었다. 넓은 옥류관 주차장이 사람들로 꽉 차 있다. 비가 오는데도 불구하고 우산을 받쳐 쓰고 있었다. 군인 버스도 몇 대가 와 있는데, 차 안에서 대기 중이란다. 단체로 식사를 하러 온다고 하는데, 이렇게 사람들이 많은 것을 보니 정말 소문난 맛집인가 보다.

우리는 준비해 놓은 방으로 가서 빈대떡과 냉면을 먹었지만, 기다리는 많은 사람들은 언제나 먹고 가려는지 걱정이다. 점심 식사 때는 놓쳤지만 모두가 먹고 갔으면 하는 바람이다.

평양냉면

2000년부터 이제까지 해마다 진행된 출장이지만 이번 출장은 마지막 지원이라고 경협 책임자와 협의를 하고 나왔다.

회사 내 부서 이동으로 인해 더 이상 출장 지원할 수 없는 형편이다. 해서 더더욱 아쉬움이 많다.

경협사업을 추진했던 평양공장의 관리자 분들에게 교육당시 슬로건으로 주장했던 "실천은 진리를 검증 할 수 있는 유일한 수단이다"(實踐的 檢驗 眞理的 唯一標準)이라는 중국 등소평 주석의 명언을 잘

되새기면서 업무를 추진해 주길 바람이다.

또한「개선은 돈을 들이고 하는 것이 아니다!」라는 사고를 가지고 부족한 자원이지만 고심과 노력을 통해 사원들이 편안하게 일을 할 수 있는 현장을 만들어 주길 바라며, 성실히 공장을 운영하여 더 많은 일거리가 생기는 평양공장이 되었으면 하는 바람이다.